中小企業のための新しい株式市場
東証TOKYO PRO Market
あなたの会社も上場できる

日本M&Aセンター
TOKYO PRO Market事業部
小田切弓子
公認会計士

プレジデント社

はじめに

あなたの会社も上場できる

〝上場〟という言葉を聞いたとき、あなたはどう思いますか？

できれば会社を上場させたい？　上場なんてとても無理？

実際に、経営者の方々に株式上場についてうかがうと、多くの方はこうおっしゃいます。

「上場は考えていない」

「上場したいとは思わない」

「上場に興味はない」

なぜ多くの経営者が上場したいと思わないのでしょうか。その理由のトップ3は次のような回答でした。

「資金を調達する必要がない」

「外部株主に入ってきてほしくない」

「上場の準備・手続きが難しそう。面倒ください」


いま、日本で上場しようとする場合、約８割の企業がめざすのがマザーズです。

たしかに、マザーズに上場するのであれば、株式を発行しなくてはいけないので否応なく資金調達することになります。最低１５０人の株主が必要なので、多くの外部株主が入ってきます。証券会社は上場準備や手続きのアドバイスをしてくれますが、自社でやるべきことは多く、しかも証券会社が上場を確約してくれるわけではありません。これはマザーズに限ったことではなく、東証一部やＪＡＳＤＡＱ（ジャスダック）でも同様です。

しかし、経営者のみなさんがご存じのとおり、上場にはさまざまなメリットがあります。次のようなものです。

・会社の知名度や信用度が上がる。
・資金調達ができる。
・金融機関から信頼されて融資を受けやすくなる。
・社員が自社に誇りをもてるようになる。

・採用力が上がって人手不足・人材難が解消に向かう。
・社内体制が整備されて組織経営ができるようになる。

こうした効果を得られる上場は、企業経営における〝魔法の杖〟ともいえます。

もし、これらのメリットを享受できるうえに、「上場したいと思わない三つの理由」を解消してくれる株式市場があったら、どうでしょう。

上場のメリットを享受できるうえに、

「資金調達しなくていい」
「外部株主を入れなくていい」
「上場の準備・手続きを全面的にサポートする公式な制度がある」

こんな株式市場があったら、上場を考えない理由はなくなるのではないでしょうか。

じつはそんな株式市場があるのです、それをお伝えしたくて、この本をつくりました。

中小企業でも上場できる――それが、東京証券取引所（東証）が運営しているユニークな株式市場「ＴＯＫＹＯ ＰＲＯ Ｍａｒｋｅｔ（東京プロマーケット）」です。

ＴＯＫＹＯ ＰＲＯ Ｍａｒｋｅｔは、東証一部やマザーズ、ＪＡＳＤＡＱといった「一般市場」とは異なり、株式投資に関する知識や経験が豊富なプロ投資家に限定した市場です。そのため、ご存じない方も多いと思います。

「プロ投資家限定」と聞くと、ハードルが高いように感じますが、実際は逆です。一般の個人投資家が売買できる一般市場は、投資家（株主）を保護するために上場基準や情報開示のルールを厳しく定めています。一方、プロ投資家は知識が豊富で一般投資家ほど厚い保護を必要としないため、ＴＯＫＹＯ ＰＲＯ Ｍａｒｋｅｔは上場基準や情報開示のルールがゆるやかになっています。中小企業も上場しやすい設計になっているのです。

実際、どれくらいの規模の会社が上場しているのでしょうか。

２０１７〜１９年に、ＴＯＫＹＯ ＰＲＯ Ｍａｒｋｅｔに新規上場した企業の売上高の中央値は年間15・7億円でした。中央値ですからこれより売上が少ない企業も上場しています。年商10億〜20億円であれば、すでに達成している方もいるのではないでしょうか。

中小企業にも上場のチャンスがあるというのは、決して大げさな話ではありません。

しかも、上場によって得られる効果は、一般市場もＴＯＫＹＯ ＰＲＯ Ｍａｒｋｅｔもほぼ同じです。

２０２０年11月、コロナ禍で中断していた東京証券取引所の上場セレモニーが再開されました。セレモニーでは、取引所のシンボルである鐘を打ち鳴らして上場を祝います。9カ月ぶりにその鐘を鳴らしたのは、TOKYO PRO Marketに新規上場を果たした北海道歯科産業株式会社でした。

プロ投資家向けの市場だからといって、一般市場の場合と違う待遇を受けることはありません。同社の山田哲哉社長は、上場セレモニーの中継番組の取材に対して「一生に一度のことなので、こうした機会を設けていただいて本当にありがたい。上場したからには社会性の高い企業にしたいと思っています」と晴れ晴れとした表情で答えていらっしゃいました。

上場会社に割り当てられる証券コードも一般市場と同様に付与されます。日本取引所グループ(JPX)のロゴマークも使用できるので、名刺にロゴと証券コードを印刷して上場企業であることをアピールできます。名刺を受け取った人は、未上場のときとは違った反応を見せるでしょう。営業取引の面でも、人材採用の面でも、効果が期待できます。

マザーズやJASDAQなどの一般市場に比べて上場しやすく、「必要のない資金調達はしなくていい」「外部株主を入れなくていい」のに、上場で得られる信用力やブランド力は変わらない。それがTOKYO PRO Marketの魅力です。

さらに、ＴＯＫＹＯ ＰＲＯ Ｍａｒｋｅｔには一般市場にない制度があります。その一つが、Ｊ－Ａｄｖｉｓｅｒというアドバイザー制度です。「上場の準備・手続きを全面的にサポートする公式な制度」があるのです。

上場を希望する企業は、東証から委託を受けたＪ－Ａｄｖｉｓｅｒと契約を結ぶことで、上場準備から上場後まで適切な助言・指導を受けることができます。上場審査もＪ－Ａｄｖｉｓｅｒが行います。これは一般市場にはない仕組みです。上場をめざす企業、そして上場を機に成長にドライブをかけたい企業にとって、Ｊ－Ａｄｖｉｓｅｒは心強い味方になるでしょう。

私ども日本Ｍ＆Ａセンターでは、２０１９年７月にＪ－Ａｄｖｉｓｅｒの資格を取得して、上場をめざす企業をサポートする事業を展開しています。

Ｍ＆Ａ仲介を本業とする私たちが、なぜＪ－Ａｄｖｉｓｅｒの資格を取ったのか。その背景にあるのは、日本企業、とくに地方の中小企業を元気にして経済活性化や地方創生のお手伝いをしたいという想いです。

東証が運営する株式市場の構成を見ると、ＴＯＫＹＯ ＰＲＯ Ｍａｒｋｅｔに上場する層が41社ともっとも薄く、マザーズ347社、JASDAQ705社、そして東証二部476社、東証一部2187社と、ランクが上がるにつれて層が厚くなる傾向があります(2020年12月末時点)。

考えてみると、このバランスはとてもいびつです。本来はもっとも上場しやすいTOKYO PRO Marketが厚くなるべきです。将来、大きく成長する可能性を秘めた企業が数多く上場してこそ、日本経済は活気を取り戻します。現在、東証もそのような考えに基づいてTOKYO PRO Marketの認知度向上に力を入れています。

私たちもTOKYO PRO Marketに上場する企業を増やして、日本を活性化させたいと考えています。

地方には、優れた技術や素晴らしい志をもつ企業が数多く存在しています。それらの企業が上場を機に「スター企業」へと成長すれば、地方から日本経済を引っ張っていくこともできると思っています。

本書は、TOKYO PRO Marketに関する入門書として、その特徴やメリットをわかりやすく解説しています。実際にTOKYO PRO Marketへの上場を機に大きく成長を遂げた企業3社の事例も掲載しました。

株式市場への上場は成長の起爆剤となります。本書がみなさまの会社を新たなステージに引き上げる一助になれば、それに勝る喜びはありません。

株式会社日本M&Aセンター TOKYO PRO Market事業部　小田切 弓子

目次

第2章 なぜ上場をめざすのか

第3章

北海道の企業として地元を活性化させたい

株式会社一寸房（建築設計業）

TPM上場の事例〈1〉

第4章

経営理念を追求しながら会社を成長させるために

第5章

TPMで急成長を果たし、2年後にマザーズ上場を達成

TPM上場の事例〈3〉

株式会社global bridge HOLDINGS

（保育所・介護施設の運営、ICTシステムの開発）

第6章 東京証券取引所が描く「TPM」の未来像

インタビュー　東京証券取引所取締役専務執行役員 小沼泰之氏

第 1 章

TOKYO PRO Marketとは

1　東証に新しく生まれた株式市場

中堅・中小企業に適した市場

「株式上場」と聞いて、みなさんがまず思い浮かべるのは「東証一部」ではないでしょうか。日本を代表する大企業が上場している市場です。あるいは、ベンチャー企業が上場をめざす「マザーズ」をイメージする人もいるかもしれません。いずれも東京証券取引所（東証）が運営している株式市場です。

東証は、ニューヨーク、ロンドンと並ぶ世界の三大証券取引所の一つに数えられていますが、そこに「TOKYO PRO Market」という市場があります。

「トウキョウ・プロ・マーケット？　初めて聞く名前だ」という方も多いのではないかと思います。それも無理はありません。

TOKYO PRO Market（TPM）は、2009年に東証に開設された新しい株式市場です。

東京証券取引所の市場構成

　東証の株式市場といえば、ご存じのように、市場第一部（東証一部）、市場第二部（東証二部）、マザーズ、ＪＡＳＤＡＱ（ジャスダック）がありますが、そこに新しく「ＴＰＭ」が加わりました。

「東証一部」と「東証二部」には歴史のある大手・準大手企業が上場しています。「マザーズ」と「ＪＡＳＤＡＱ」は新興市場と呼ばれ、ベンチャー企業や中堅企業がめざす市場となっています。この四つの市場は「一般市場」と呼ばれます。

　ＴＰＭは、これら一般市場とは異なる性質をもっています。端的にいえば、中小企業こそがめざすべき市場なのです。

　では、ＴＰＭはこれまでの市場とはどう違

うのでしょうか。大きな違いは三つあります。

①投資家の違い
②上場基準の違い
③公式のアドバイザー制度がある

それぞれを説明していきます。

TPMの三つの特徴

①投資家の違い

東証一部やマザーズなどの一般市場とTPM市場の違いの一つは、市場に参加する投資家（株主）です。

一般市場では、原則として誰でも市場に参加して上場企業の株式を売り買いすることができます。銀行、保険会社などの機関投資家はもちろん、会社員や自営業者、主婦、現役をリタイアした人など一般の個人（一般投資家）も、証券会社を通して自由に株の売買ができます。

一方、TPMに上場している企業の株を買うことができるのは「プロ投資家」に限られます。一般投資家は買えません。

プロ投資家は、基本的に企業が想定されています。機関投資家、国、日本銀行、上場企業、資本金5億円以上の株式会社などです。個人で買えるのは、3億円以上の換金可能な資産をもち、1年以上の株式取引経験がある人（海外に居住している場合を除く）です。

なぜ、TPMは他の市場と違ってプロ投資家に限定しているのでしょうか。

それは一つには、投資家を保護するため。たとえば、将来性はあるものの実績が十分でない企業は業績が変動する可能性が高く、投資に慣れていない一般投資家にはリスクが大きくなってしまいます。そのため、TPMでは市場参加者をリスクのとれるプロ投資家に限定しているのです。このことは、二つ目の特徴「上場基準の違い」にも関連します。

②上場基準の違い

TPMは、上場基準や情報開示のルールが一般市場よりもゆるやかに設定されています。

東証一部・二部、マザーズ、JASDAQなど個人投資家が参加する一般市場には、厳格な上場基準や情報開示の決まりが設けられています。それは投資に不慣れな個人投資家を守るためでもあります。

しかし、それでは上場できる企業が限られてしまいます。そこで上場基準や情報開示のルールをゆるやかにして、そのかわりに機関投資家向け主体の市場が設計されました。それがＴＰＭです。機関投資家たちは株式運用の経験が豊富なプロですから、自分で投資の判断ができるだろうというわけです。

こうした理由によって、ＴＰＭは上場基準がゆるやかで、その一方でプロ投資家しか市場に参加できないようになっているのです。これが、「上場企業のオーナーシップ維持」「上場による資金調達」に関連してくるのですが、これらについては後述します。

③公式のアドバイザー制度がある

三つ目の特徴「アドバイザー制度」は、ＴＰＭだけのものです。

一般市場に上場申請をするときには主幹事証券会社が支援しますが、ＴＰＭでは東証に認められた企業が「Ｊ－Ａｄｖｉｓｅｒ」として助言・指導を行います。Ｊ－Ａｄｖｉｓｅｒは審査機能ももちます。上場審査という東証の役割も担うのです。

Ｊ－Ａｄｖｉｓｅｒが助言・指導と審査を一貫して行うことによって最短距離で上場を実現できるのがＴＰＭのアドバイザー制度の特徴で、それが多くの会社が上場しやすい状況をつくっています。

これら三つの特徴によって、ＴＰＭは中堅・中小企業の上場を可能にするのです。

TPMの3つの特徴

特徴1　プロ投資家に限定した市場

TPMで株式を購入できるのはリスク許容度が高いプロ投資家のみ

プロ投資家

- 適格機関投資家（機関投資家など）、国、日本銀行
- 上場企業、資本金5億円以上の株式会社
- 日本国内に住所をもたない、または居住していない個人・法人
- 証券会社への申し出によりプロ投資家に移行できる以下の法人・個人
  - 非上場かつ資本金5億円未満の株式会社
  - 金融資産が3億円以上で1年以上の取引経験のある個人

特徴2　自由度が高い上場基準

株主数・時価総額・利益額などの形式基準がなく、短期間での上場も可能

		一般市場	TOKYO PRO Market
上場基準	形式基準	あり	なし
	実質基準	あり	あり
審査の実施主体		主幹事証券会社、東証	J-Adviser
監査証明の期間		最近2年間	最近1年間
内部統制報告書の提出		必須	任意
四半期の開示		必須	任意

特徴3　アドバイザー制度

上場前から上場後までJ-Adviserが継続的に助言・指導・サポートを行う

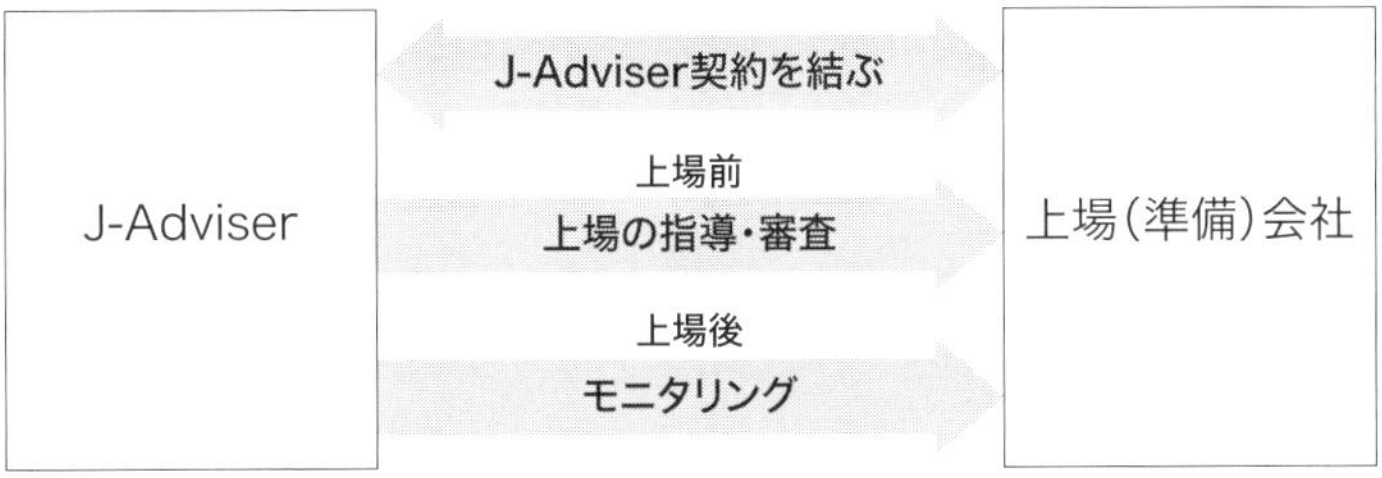

2 中小企業にも上場のチャンスが生まれた

売上高20億円以下でも上場できる

ＴＰＭの上場企業数は毎年着実に増えていき、現在は41社が上場しています（２０２０年12月末時点）。

どんな企業が上場しているのか、その内訳を見てみましょう。まず資本金です。

ＴＰＭに上場している企業のうち、資本金が10億円を超えているのは１社だけ。１億円以上10億円未満が11社、残りの29社（全体の70％）は資本金１億円以下なのです。「うちは中小企業だから上場なんて」と思っている方も多いと思いますが、そんなことはまったくありません。

売上の規模はどうでしょうか。一般市場と比べてみましょう（次ページ参照）。

２０１７～１９年の３年間に上場した企業の売上高の中央値は、東証一部が６１８億円。ＪＡＳＤＡＱ（スタンダード）は47億円、マザーズは22億円です。それに対して、Ｔ

TPMの上場企業数

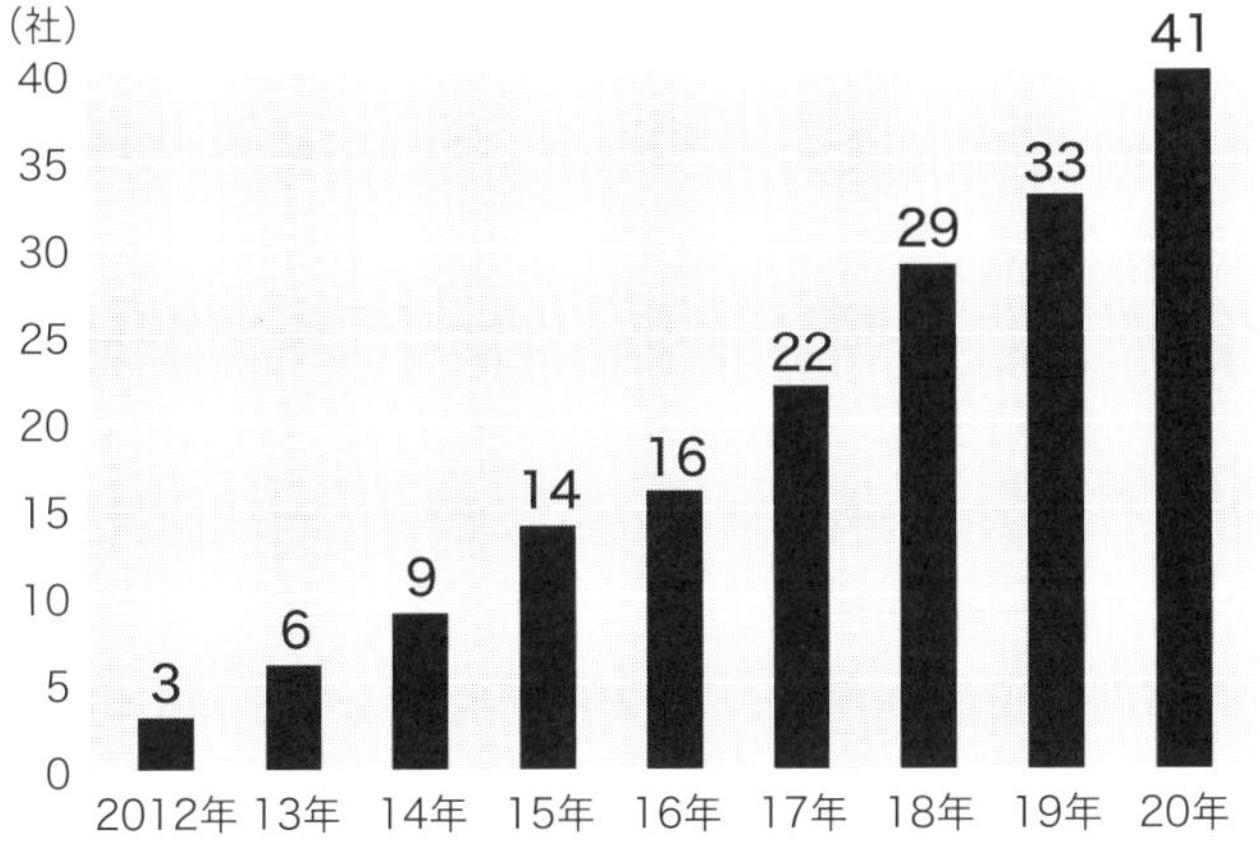

東証上場企業の市場別の規模(中央値)

	売上高	経常利益
TPM	15.7億円	0.5億円
マザーズ	22億円	2億円
JASDAQ (スタンダード)	47億円	3億円
東証二部	155億円	12億円
東証一部	618億円	48億円

＊2017〜19年に東証に上場した企業のデータ

ＰＭは15・７億円と、マザーズよりさらに小さな額になっています。

これは中央値ですから、実際には売上がもっと少ない企業も上場しています。もっとも売上規模が小さかった企業は年商６０００万円でした。ＴＰＭがいかに中小企業に門戸を広く開いているかおわかりいただけると思います。

さらに経常利益を見てみます。中央値を比べてみましょう。

東証一部企業は48億円、東証二部企業は12億円、ＪＡＳＤＡＱ企業は3億円、マザーズ企業は2億円です。それらに対して、ＴＰＭ企業は５０００万円で桁が一つ少ない。その規模の利益でも上場維持ができるのもＴＰＭの特徴です。「あれっ、それだったらうちの会社もいけるんじゃないか」と思う方も多いのではないでしょうか。

上場のコストについてはのちほど詳しく説明します。

7割の会社が地方に本社を置いている

いま見たのはＴＰＭに上場している企業の現状ですが、では上場前はどうだったのか。どんな経営規模なら上場できるのか、２０１２～１９年にＴＰＭに上場した企業の上場直前期のデータを紹介します（次ページの図表参照）。

TPM企業の上場直前期のデータ

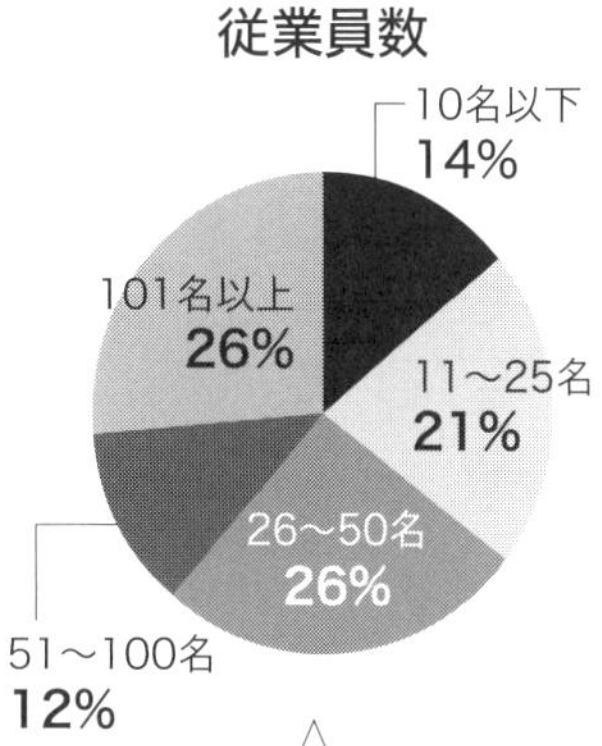

約6割の企業が
従業員50人以下

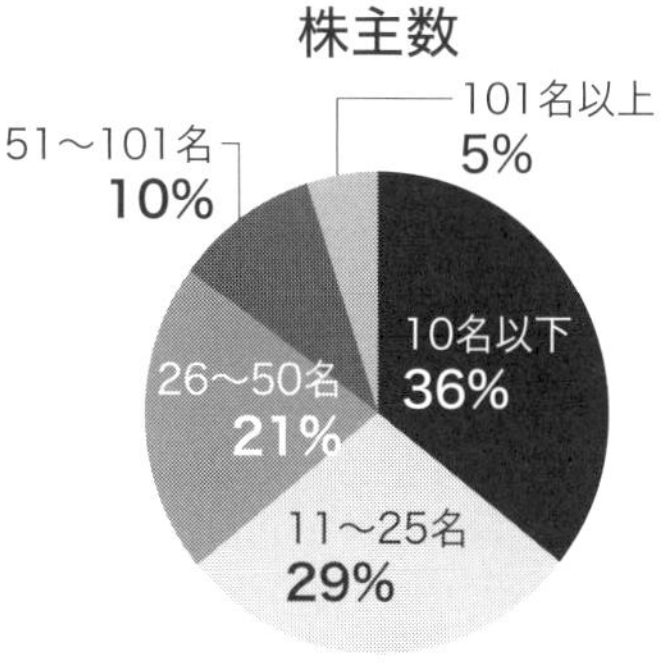

8割以上の企業が50名以下
の株主で構成されている

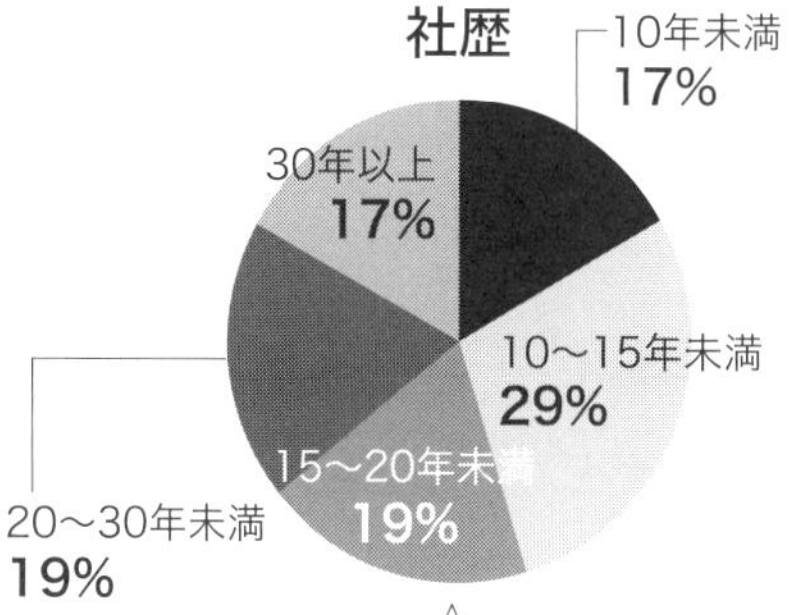

マザーズなどの新興市場に
比べて社歴の長い企業が多い

＊いずれも2012〜19年にTPMに上場した企業の上場直前期のデータ

まず従業員の数です。

全体の62％が50人以下の企業で、10人以下の企業も14％ありました。ＴＰＭには従業員10人以下の企業も上場できるのです。

「中小企業」や「小規模事業者」の定義は業種によって異なりますが、従業員数は、製造業が３００人以下、卸売業とサービス業が１００人以下、小売業が50人以下と定義されています。どの業種においても50人以下は中小企業ですから、ＴＰＭに上場した企業のうち約６割は、上場時は中小企業に分類される規模なのです。

多くの経営者の関心が高いのが株主数で、「上場して株主が増えるのは嫌だ」とおっしゃる経営者は少なくありません。

ＴＰＭ上場企業は、株主50人以下の企業が85％を占め、10人以下の企業が36％もあります。株主２人で上場したケースもありました。

株主数が影響するのはオーナーシップ（支配権）で、株主数が多いほどオーナーシップは分散します。８割超が50人以下の株主で構成されているというデータからは、ＴＰＭに上場する企業の多くは、経営者がオーナーシップを維持したまま上場したことが読み取れます。

上場企業の地域比率

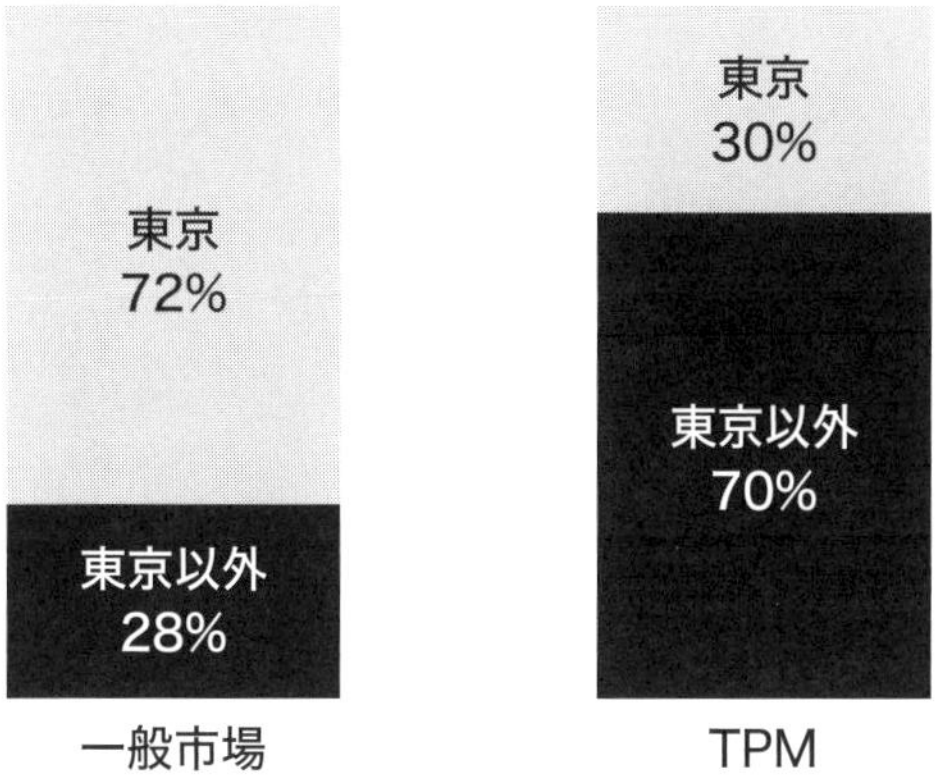

＊一般市場は2019年新規上場企業の内訳。TPMは2020年6月末時点の上場企業の内訳

設立年数も注目です。

社歴10年未満の企業が17%で、10年以上15年未満が29%、残りの53%が15年以上の社歴をもっています。社歴の長い企業が半分以上を占めており、ここからはTPMが必ずしも新興企業だけのための市場ではないことがわかります。

さらにもう一つ、TPMを象徴するデータがあります。上場企業の本社所在地です。一般市場と比較してみましょう（上図参照）。

2019年に一般市場に新規上場した企業のうち、東京に本社がある企業は72%、地方に本社がある企業は28%です。7割以上の企業が東京に本社を置いています。

一方、TPM上場企業（2020年6月末

時点）のうち、東京に本社がある企業は30％、地方に本社がある企業は70％です。一般市場と正反対で、ＴＰＭは地方企業が多いのです。

地方で歴史を刻んできた中小企業

これらのデータから、ＴＰＭ上場企業の典型的なプロフィールが浮かび上がってきます。経営者が強いオーナーシップをもち、地方で歴史を刻んできた中小企業――。

ＴＰＭは門戸が広いので、もちろんこのプロフィールに当てはまらない企業も上場していますが、中心は「地方で活躍する伝統的な中小企業」ということができるのです。

東証一部や二部は、大企業や準大手企業が中心です。マザーズやＪＡＳＤＡＱには、ＩＴ系に代表されるベンチャー企業がひしめいています。

残念ながら、地方で日本経済を支えてきた中堅・中小企業にとって、これら一般市場はハードルが高く、上場は夢のまた夢でした。

「事業に新規性がない、と証券会社に断られた」「地方の実情を理解していない株主に口を出されたくないから、上場は考えられない」というお話もよく聞きます。

しかし、ＴＰＭの登場は、これまで株式上場とは縁遠かった企業にも上場のチャンスをもたらしたのです。

日本の企業の99％以上は中小企業です。圧倒的多数を占める中小企業、とりわけ地方経済の中核を担っている企業に上場の扉が開かれれば、上場をめざす企業それぞれに成長の可能性が広がるだけでなく、地方経済、ひいては日本経済全体にもプラスの作用をもたらします。その意味でもＴＰＭは注目されています。

3　どうすればＴＰＭに上場できるのか

柔軟な上場基準

どうすれば、ＴＰＭに上場できるのか――ＴＰＭの上場基準について見ていきましょう。

先に述べたように、ＴＰＭは市場への参加をプロ投資家に限定しているので、上場基準や情報開示のルールが一般市場と比べて柔軟です。そのため、これまで「上場は厳しい」「上場基準をクリアするまでには時間もコストもかかりすぎる」と敬遠してきた中小企業も上場を射程圏に入れることができます。

ＴＰＭの上場審査の基準や情報開示のルールを、わかりやすくマザーズやＪＡＳＤＡＱなどの一般市場と比較しながら述べてみます。

一般市場の上場基準は「形式基準」と「実質基準」の2種類があります。

形式基準とは、利益額や時価総額、流通株式の数など、定量的な側面を確認するための数値基準です。

一方、実質基準は、企業の定性的な側面を確認するための基準です。企業が健全な経営を行っているか、内部管理体制が整備されているか、企業内容などの開示を適切にできる状況にあるかなど、数字で客観的に評価できないところを審査します。

一般市場に上場を果たすためには形式基準と実質基準の両方を満たす必要があり、それぞれの要件を一つも欠いてはいけません。「形式基準はすべて満たしているが、ガバナンス（企業統治）が効いていない」とか、「実質基準はすべて満たしているが、時価総額がわずかに下回っている」など、どこかが欠けていると上場は認められません。

東証の一般市場への上場審査は、グループ内のＪＰＸ自主規制法人が行っています。この審査は厳格です。ＪＰＸ自主規制法人の年次報告によると、２０１８年度に審査した銘柄は２５４件でしたが、実際に上場（市場の変更を含む）を実現した銘柄は２１３件。２０１９年度は新型コロナウイルス感染拡大の影響もあり、審査２１４件に対して上場は１４８件と少ない結果でしたが、通常、審査を通過して上場まで辿り着く企業は約８割といわれています。

一般市場に上場するときは、事前に主幹事の証券会社や監査法人が十分にチェックしたうえで申請を行いますが、それでも２割程度の企業が上場を断念しているのです。

TPMには形式基準（数値基準）がない

高い壁として立ちはだかる一般市場の上場基準に対して、TPMの上場基準はどうでしょうか。

じつはTPMには、形式基準（数値基準）がありません。株主数や流通株式数、時価総額、経常利益額などは直接的に問われないのです（債務超過の場合は実質的に上場できません）。たとえば株主数が10人以下でも、先行投資をしていて利益がほとんどない状態でも、それを理由に不合格になることはありません。

ただし、実質基準で求めていることは一般市場と同じです。東証はTPM上場の実質基準を次のように定めています（38ページの図表も参照）。

①市場の評価を害さない
②公正かつ忠実な事業
③コーポレート・ガバナンス体制・内部管理体制の整備
④企業内容、リスク情報等の適切な開示
⑤反社会的勢力の排除

これら五つについて、それぞれにポイントが定められています。

たとえば、①「市場の評価を害さない」であれば、「法律体系・会計体系・税制などを理解しているか」「予算統制（年次／半期／月次など）が整備されているか」「上場予定日から12カ月間の運転資金が十分か」などです。

こうした実質基準があるからこそ、ＴＰＭに上場している企業は「あの会社は優良企業だ」「ちゃんとした会社だ」と信用してもらえるのです。

ＴＰＭの上場審査を担当するのは、東証ではなく、先に触れた「Ｊ-Ａｄｖｉｓｅｒ」に認定された企業です。Ｊ-Ａｄｖｉｓｅｒについては次の項目で説明します。

一般市場に比べてＴＰＭがチャレンジしやすくなっているのは、上場基準だけではありません。

一般市場は、内部統制報告書の提出や四半期の決算開示が必須です。これらの資料を作成する作業は、企業にとって大きな負担になりますが、ＴＰＭでは、この内部統制報告書や四半期の決算開示が任意です。

もちろん、一般市場への上場をめざして、予行演習としてこれらの資料作成を行っている会社もありますが、自社の状況によっては必ずしもやらなくてもよいのです。

こうした上場後の柔軟性もＴＰＭの魅力の一つとなっています。

TPMの上場基準(実質基準)

上場適格性要件	J-Adviserによる 調査・確認のおもなポイント
1　新規上場申請者が、東京証券取引所(東証)の市場の評価を害さず、当取引所に上場するに相応しい会社であること	・法律体系・会計体系・税制などを理解しているか ・予算統制(年次/半期/月次など)が整備されているか ・上場予定日から12カ月間の運転資金が十分か
2　新規上場申請者が、事業を公正かつ忠実に遂行していること	・関連当事者取引や経営者が主体的に関与する取引の状況を把握し、牽制する仕組みがあるか ・代表取締役社長および役員の資質面に問題がないか
3　新規上場申請者のコーポレート・ガバナンスおよび内部管理体制が、企業の規模や成熟度等に応じて整備され、適切に機能していること	・社内規程が整備され、適切に運用されているか ・事業運営、内部管理に必要な人員が確保されているか ・法令遵守のための社内体制が整備され、適切に運用されているか
4　新規上場申請者が、企業内容、リスク情報等の開示を適切に行い、この特例に基づく開示義務を履行できる態勢を整備していること	・上場後の開示体制が整備され、開示規則・開示義務に対して十分な理解があるか ・内部者取引および情報伝達・取引推奨行為防止のための体制は整備されているか
5　反社会的勢力との関係を有しないこと。その他公益または投資者保護の観点から東証が必要と認める事項	・反社会的勢力との関係をもっていないか ・反社会的勢力排除のための社内体制は整備されているか ・設立以降からの株主の異動状況を把握しているか

4　上場を支援する「Ｊ－Ａｄｖｉｓｅｒ制度」

アドバイザーが上場後もサポートを行う

ＴＰＭの大きな特徴、「Ｊ－Ａｄｖｉｓｅｒ制度」について説明します。

ＴＰＭに上場するときに審査を行うのは、Ｊ－Ａｄｖｉｓｅｒに認定された企業です。Ｊ－Ａｄｖｉｓｅｒ制度は一般市場にはないＴＰＭのユニークな仕組みです。

具体的にＪ－Ａｄｖｉｓｅｒは何をするのか。大きく分けると、役割（義務）は二つあります。

一つは、上場の際に上場適格性の調査・確認をすること、つまり上場審査です。

一般市場への上場では、主幹事の証券会社が上場準備の指導と独自審査を行ったうえで、東証が上場審査を行いますが、ＴＰＭでは、証券会社と東証の役割をＪ－Ａｄｖｉｓｅｒが１社で担っています。

具体的には、上場に向けてアドバイスしたり、ＴＰＭの上場基準を満たしているかどうかを審査したりします。

もう一つは、上場後のサポートです。

一般市場の場合、主幹事の証券会社がフォローしてくれるのは上場が承認されるところまで。承認後、上場の適格性を欠けば上場廃止になりますが、東証は適格性をチェックするのみで、伴走者としてアドバイスをしてくれるわけではありません。

それに対してTPMのJ－Ａｄｖｉｓｅｒは、上場後もモニタリングを行い、企業に対して継続的に助言や指導を行います。上場が承認されたことで気が緩んで、業績が悪化したり社内体制が乱れたりしないように見守り続け、ときにはビジネス面や法務面、財務面などでもアドバイスします。経営支援（成長支援）もJ－Ａｄｖｉｓｅｒに期待される重要な役割なのです。

上場前のJ－Ａｄｖｉｓｅｒの役割は一般市場で証券会社や東証が担う役割を代替したものですが、上場後のサポートの役割はJ－Ａｄｖｉｓｅｒ制度独自のものです。上場をめざす企業にとって、上場後も手厚いフォローを受けられることは、TPM上場の大きなメリットとなります。

J－Ａｄｖｉｓｅｒは上場前も上場後も企業に寄り添ってサポートを行う、TPMの特徴的な存在なのです。

まずJ－Adviserと契約を結ぶ

では、J－Adviserの役割を担うのは誰なのか。

J－Adviserには資格があり、東証がその認証を行います。資格の取得要件は、「資金調達（IPO／M&A）の助言業務、公開支援業務などに関する実績があり、これらの業務に精通している人材を擁する法人」と定められています。

2020年12月時点で、野村證券、大和証券、SMBC日興証券、みずほ証券など大手証券会社を中心に11社がJ－Adviserの資格をもっています。私たち日本M&Aセンターは、企業の成長を支援するサービスの一つとして2019年7月に資格を取得しました。

TPMへの上場をめざす場合は、いずれか1社のJ－Adviserと契約を結ぶ必要があります。契約締結後、J－Adviserは、証券会社に代わって上場準備における指導・助言を行うとともに、東証に代わって上場適格性の調査・確認を行い、上場後もモニタリング、継続的なサポートを行います。

J-Adviser制度

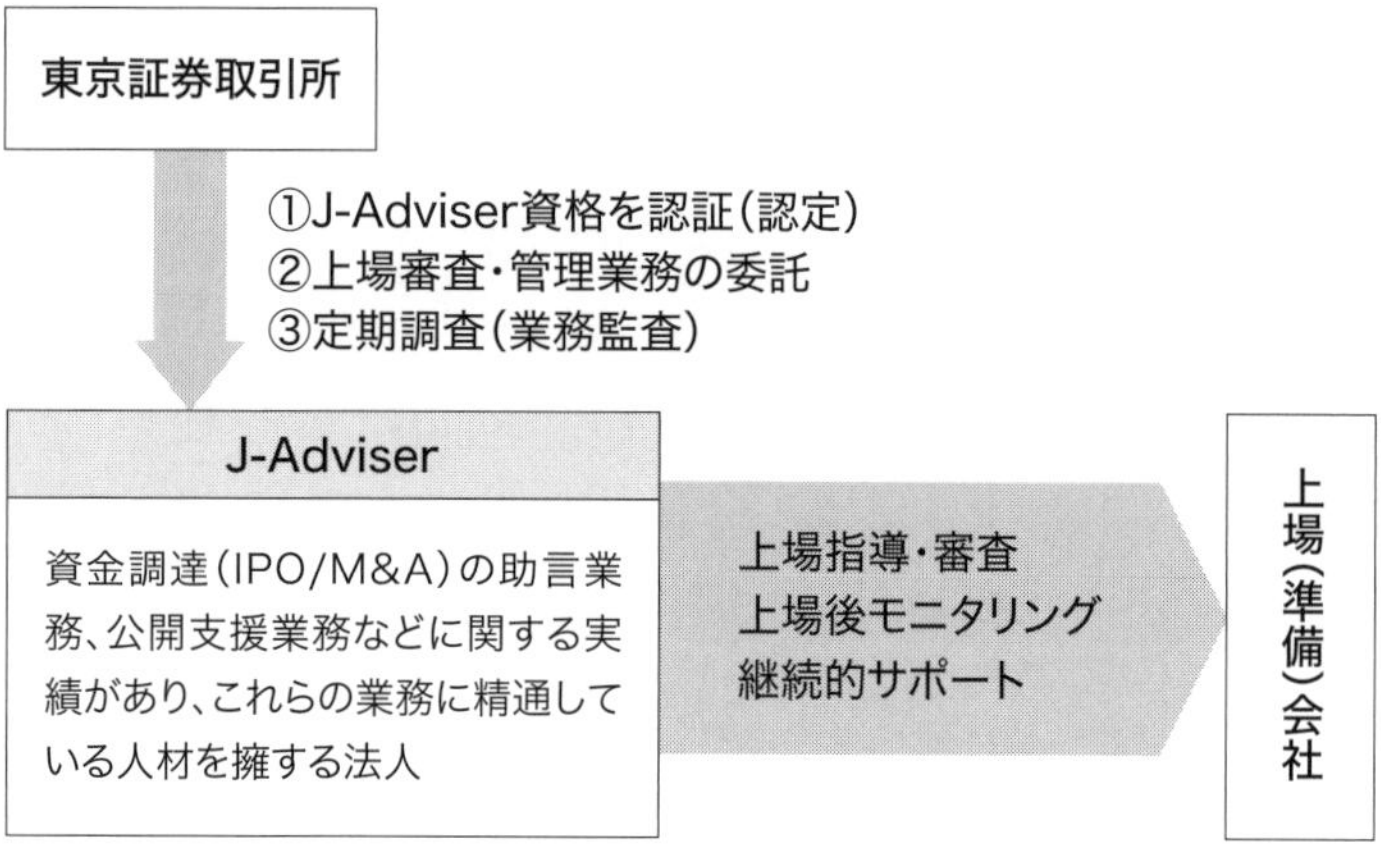

まさに最初から最後までＴＰＭ上場企業に寄り添って伴走するのが、Ｊ－Ａｄｖｉｓｅｒという存在なのです。

5 上場までのステップ

上場までの期間が短い

ここまでTPMの特徴について述べてきましたが、さらに大きな特徴があります。それは、一般市場に比べて上場までに要する期間が短いことです。

まず、マザーズやJASDAQなど一般市場の上場ステップを簡単に確認しましょう。

一般市場に上場をめざす会社は、通常、主幹事として選んだ証券会社のコンサルティング部門の指導を受けながら資本政策や社内体制の整備を行います。準備がひととおり整ったら証券会社の審査部門が審査を行います。これは本番前の模擬試験のようなもので、証券会社の審査をパスしたら、本番の東証への上場申請を行います。

証券会社とは別に監査法人による監査も必要です。

貸借対照表や損益計算書などの財務諸表に対して、監査法人から「適正」意見をもらってはじめて東証の上場申請に進むことができます。監査期間は決算2期分です。つまりどんなに急いでも上場申請に漕ぎつけるまで最短でも2年以上かかることになります。

TPMへの上場をめざすときも、上場申請までのプロセスはほぼ同じです。

先述したように、上場前のコンサルティングや上場審査を行うのが証券会社や東証からJ－Adviserに代わり、難易度も多少軽減されますが、やることは基本的に同じ。監査法人による監査も同様です。ただし、財務監査（決算数値が正しいかどうか）に限定され、内部統制監査は必須ではありません。また、監査期間は1年間に短縮されます。

TPM上場のステップは次のとおりです（46ページの図もご参照ください）。

①上場を検討する
②J－Adviserと契約を結ぶ
③社内体制を整備し、開示体制を構築する
④J－Adviserが上場審査を行う
⑤東証へ上場の意向を表明する
⑥東証がJ－Adviserに面談を行う
⑦J－Adviserが東証に上場を申請する
⑧東証から上場が承認される

⑨上場日を迎える（取引開始）

申請から上場承認まで約10日間

ＴＰＭの上場審査以降のプロセスを、少し詳しく説明しましょう。

Ｊ－Ａｄｖｉｓｅｒが上場審査を行ったあとは、東証に上場の意向を表明して、東証は約1カ月にわたりＪ－Ａｄｖｉｓｅｒと面談（資料確認・ヒアリングなど）を行います。

一般市場への上場では、このプロセスで東証が上場希望会社に直接面談を行います。この面談はかなり厳しく行われますが、ＴＰＭではＪ－Ａｄｖｉｓｅｒが対応するため、上場希望会社は安心して面談結果を待つことができます。

面談で、Ｊ－Ａｄｖｉｓｅｒが適切に審査を行ったことが確認できたら、いよいよ上場申請です。Ｊ－Ａｄｖｉｓｅｒが「有価証券新規上場申請書」などを東証に提出して、上場申請を行います。この申請書類は対外的にも公開され、上場予定が公になります。

東証の承認は原則10営業日後に下り、いよいよ上場日を迎えます。

上場申請から上場まで、最低でも1カ月の期間を置くことが法律に定められていますが（株主に通知するため）、それより長くかかることは通常ありません。

TPM上場までのステップ

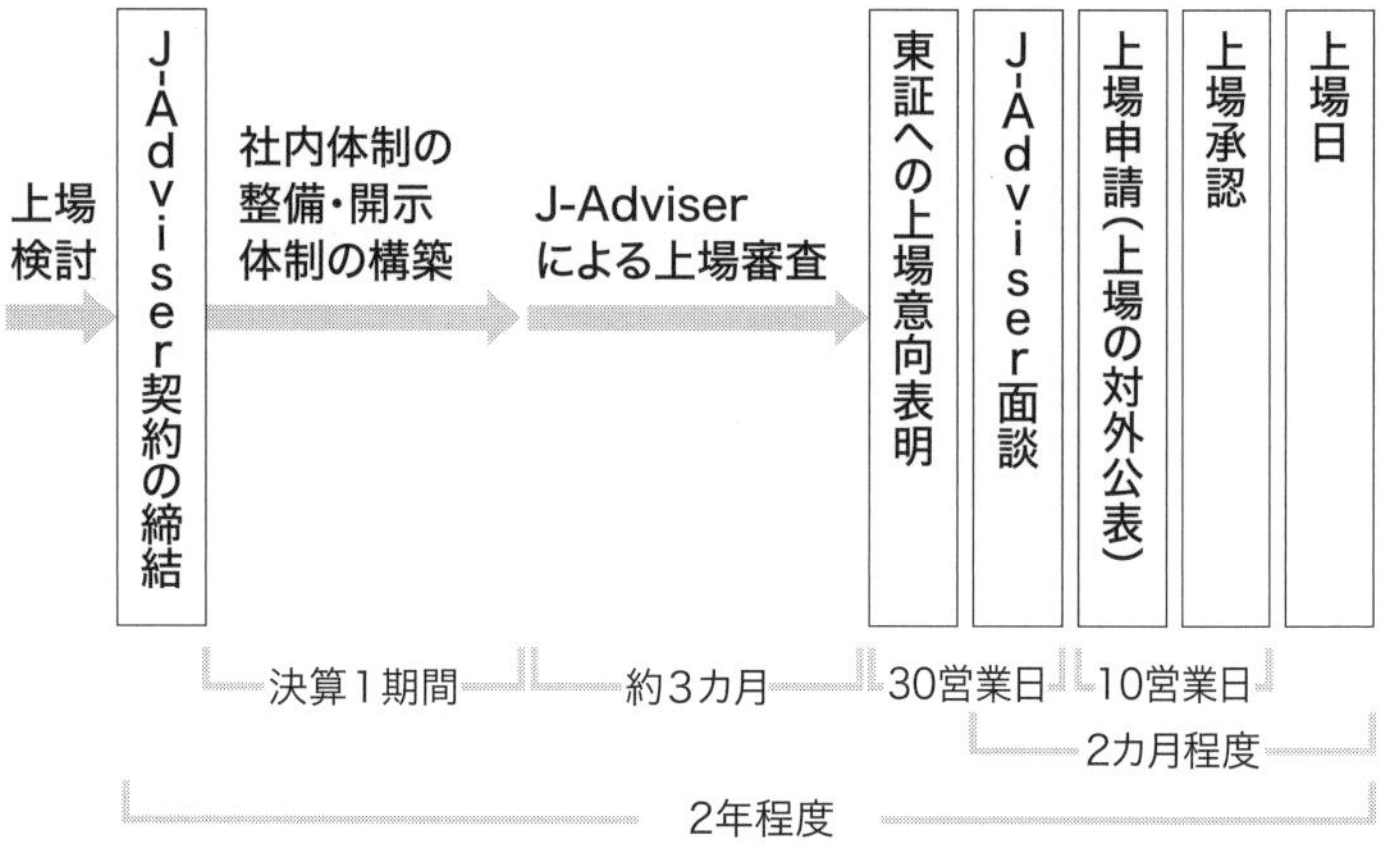

東証への上場意向表明から上場日まで、およそ2カ月程度。それまでの上場準備のプロセスと比べるとあっという間です。しかも、それらの難しい手続きはすべてJ－Adviserが行ってくれます。

上場日（取引開始日）には、兜町にある東京証券取引所で「上場セレモニー」が開催されます。このセレモニーは、東証一部やマザーズなど一般市場へ上場するときとまったく同じです。

上場通知書や記念品の贈呈式が行われたあと、上場企業のみなさんで上場記念の鐘を打ち鳴らします。上場は、企業にとってはもちろん、経営者にとっても社員にとっても人生の大きな節目となります。

6　TPMに上場するためのコスト

一般市場の4分の1が目安

「何年で上場できるの？」

「どのくらいのコストで上場できるの？」

TPMに関していちばん多い質問がこの二つです。

TPM上場には、どれくらいのコストがかかるのでしょうか。

一般市場に上場する場合、上場準備に約2億円、上場後も維持コストが毎年5000万円以上かかるといわれ、この額がネックになって上場を諦めている企業も多いと聞きます。

TPMはこれらのコストも低く抑えられています。TPM上場にかかる費用をざっと紹介しましょう。

まず必須なのは、東証に支払う「新規上場料」の300万円です。新規上場料は、東証のどの市場に上場する場合も必要で、市場によって金額が異なります。TPMでは一般市場で必要な「上場審査料」はかかりません。

上場時に株式の公募・売出しをする場合は「新株発行手数料」がかかりますが、株式発行による資金調達を行わないのであれば、この費用は発生しません。

パートナーとなるJ－Adviserに支払う費用も必要です。

料金体系や価格設定はJ－Adviserによって異なりますが、上場準備・指導支援、上場審査などの契機ごとに費用が発生して、さらに成功報酬の費用がかかるケースが一般的です。J－Adviserへの支払額は、上場する会社のガバナンス体制や決算開示体制の整備状況によって異なります。

そのほか、必ず支払わなくてはいけないのは、「監査法人への報酬」と「株式事務代行機関の事務費用」です。株式事務とは、株主名簿の作成や株主総会招集通知の発送、議決権・配当などの株式に関する権利の処理を指します。TPMは監査期間が1年間に短縮されていますが、上場までの期間が短くなると、結果的に上場コストの抑制につながります。

このほか、上場時に資金調達を行う場合は、前出の新株発行手数料のほか、証券会社に支払う引受手数料が必要となります。次章でも触れますが、近年は金融機関からの借入コストが低いこともあり、TPMで資金調達する企業はほとんどなく、多くの場合この費用はかかりません。東証も、TPMに上場するまでに必要なこれらのコストの総額の目安を2000万～4000万と紹介しています。

上場を維持するためにかかる費用

上場後の維持費用は、より軽くなります。

上場後に必須なのは、東証に支払う「年間上場料」の50万～400万円（時価総額に応じて変動）と「TDnet（適時開示情報閲覧サービス）利用料」の10万円、さらに「J－Adviserとの契約料」「監査法人への報酬」「株式事務代行機関の事務費用」です。

一般市場では上場企業に四半期ごと年4回の決算開示が義務づけられており、その報告書を作成するたびに時間とコストがかかりますが、TPMは四半期ごとの決算開示が任意なので、一般市場へのステップアップをめざして準備している会社以外は、半期（年2回）の決算開示を選択しています。また、新規上場時と同じく株式の公募・売出しをすれば費用がかかりますが、これもほとんどの場合、発生しないでしょう。

このようにTPMでは、上場の費用も上場維持に必要な費用も一般市場に比べるとかな

TPM上場にかかる費用

上場までにかかる費目と支払先

東証へ	新規上場料……300万円 新株発行手数料 ＊株式による資金調達を行わない場合は発生しない
証券会社へ	引受手数料 ＊株式による資金調達を行わない場合は発生しない
J-Adviserへ	上場準備・指導支援、上場審査、成功報酬
監査法人へ	監査報酬
株式事務代行機関へ	事務費用（株主名簿の作成や議決権・配当など株式に関する各権利処理）

上場後の維持にかかる費目と支払先

東証へ	年間上場料…… 50万～400万円 ＊時価総額に応じて変動 TDnet（適時開示情報閲覧サービス）利用料 …… 10万円
J-Adviserへ	契約料
監査法人へ	監査報酬
株式事務代行機関へ	事務費用

り低く抑えることができます。もちろん低コストといっても、1000万円単位の費用は小さなものではありませんから、上場によって得られるメリットとの比較になります。

コストをかけてまで上場したほうがいいのか――次章でTPMに上場するメリットについて述べます。

第 2 章

なぜ上場をめざすのか

1 上場が会社の成長を加速させる

上場によって手に入る三つのもの

「いつかは上場したい」――自社を上場させることに、漠然とした憧れを抱いていませんか。しかし、前章でお話ししたように一般市場の上場基準は甘くありません。だからこそ、それをクリアして自社を上場させた経営者は、社会的に成功者とみなされます。

上場には手間やお金がかかります。たんに経営者の自尊心を満たすだけならほかの方法もあります。せっかく手間やお金をかけるなら、会社の利益につながる具体的なメリットがなければなりません。

企業が上場する最大のメリットは何か。それは「成長」です。

日本M&Aセンターを例にお話しします。

私ども日本M&Aセンターは1991年に創業して、2006年にマザーズに上場しました。上場当時の売上高は26億円でした。

日本M&Aセンターの成長

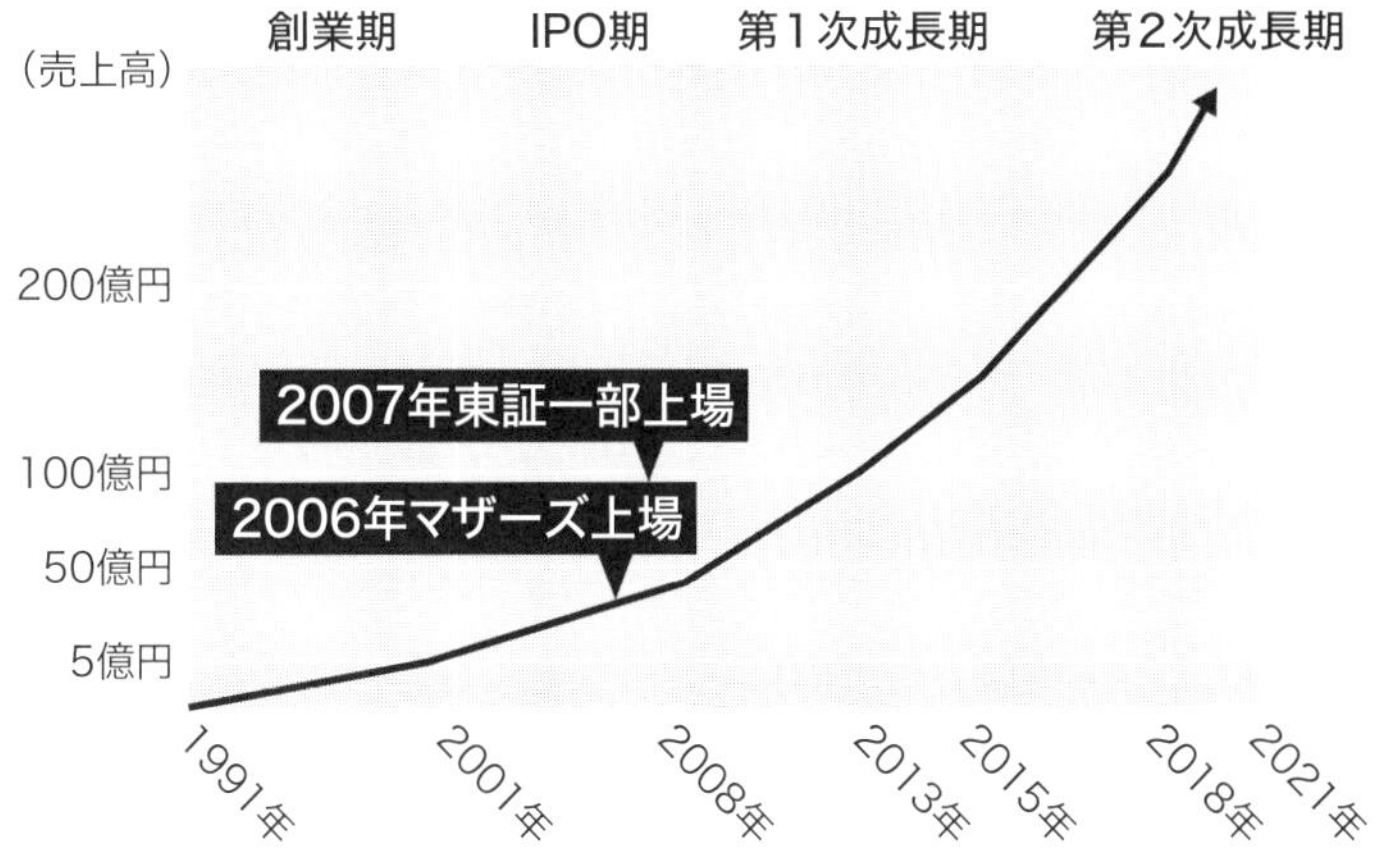

さらにその翌年、東証一部に上場。それから13年がたち、２０２０年3月期の売上高は３２０億円になりました。上場後に売上高が12倍になった計算です。

グラフのように、成長のスピードは上場してからのほうがずっと速く、まさに上場が成長の起爆剤となったのです。

では、なぜ上場が成長を促したのか。

会社は上場によって三つのものを手に入れることができます。「成長戦略の実現」「社会性の実現」「社員や株主の幸せの実現」です。

「成長戦略の実現」は、上場によって社会的信用力がつき、優秀な人材を採用できることでなされます。ＩＴも重要ですが、会社を成長させるのはやはり人です。

日本M&Aセンターは立ち上げ当初、営業にずいぶんと苦労しました。社名を告げると、「M&A？　乗っ取り屋か」「ハゲタカファンドの一味か」とまともに取り合ってもらえないこともありました。

周囲の見る目が変わったのはマザーズに上場してからです。会社の知名度が上がりましたし、社名を知らない相手でも、上場していることを伝えると、「上場会社なら」と色眼鏡で見られずに話を聞いてもらえるようになりました。

こんな話もあります。上場を検討し始める前のこと、社長の三宅卓《みやけすぐる》は優秀な人材を採用するために奔走していました。ある大手銀行にいた優秀な若手と膝を突き合わせて語り合ったところ、意気投合し、転職して弊社に入社してくれることになりました。「いい人が入ってくれる！」と三宅は大喜びしました。

ところが1週間後、その人がやってきて辞退を告げたそうです。

「どうして？　あんなに夢やロマンを語り合ったじゃないか」

困惑する三宅に、その人は申し訳なさそうに事情を打ち明けたそうです。

「妻の父親から反対されまして。『キミが銀行マンだから娘を嫁にやったんだ。上場もしていないような会社に転職するなら娘を返せ』と言われました。本当にすみません」

上場していなくてもガバナンスの効いた経営がなされていて、売上規模が上場企業に勝るとも劣らない企業はたくさん存在します。しかし、世の中は企業の経営内容を個別にチェックできる人ばかりではありません。上場しているかどうかが安定性や健全性の判断基準になってしまうのは致し方ないこと。三宅は涙をのんでその人を見送ったといいます。

しかし上場後は会社の信用力が増して、優秀な人が次々に日本M&Aセンターに入社してくれるようになりました。採用力がアップして人材を獲得しやすくなったのです。新卒はもちろん、中途採用でも、銀行や証券会社、有名メーカーや商社、外資系コンサルティング会社などから実務能力の優れた人たちが入ってくるようになりました。

社会的な信用を得られれば、営業にも、人材採用にも有利に働きます。それらが私たちの会社の成長を後押ししてくれました。

上場の目的を明確に掲げる

上場によって手に入るものの二つ目は「社会性の実現」です。

日本M&Aセンターは、世代交代時の相続税支払いを理由に廃業を選択するオーナー経営者を救うため、「第三者へ株式を譲渡（M&A）することで、会社を存続させつつ、相続税も払えるようにする」ことを目的として設立されました。

そのことを示すように、設立以来、弊社の企業理念は「M&Aを通じて企業の存続と発展に貢献する」のまま変わっていません。

当時ほとんど未開拓だった中堅・中小企業のM&A業界。困っている中小企業を存続させたい、経営者や従業員、そしてその家族を救いたいという思いで事業をスタートさせ、契約書の定型化、企業評価の標準化などを行うとともに、新聞広告を出し、各地でセミナーや勉強会を開催して、M&Aのメリットを訴え続けました。

会社はしだいに成長していきましたが、それでも事業を大きく拡大することまではなかなかできませんでした。

そんなときに選択したのが「上場」というカードです。当時は、「M&A仲介で上場なんて無理だ」と証券会社にも銀行にも言われ、上場準備には本当に苦労したといいます。

しかし実際に上場を実現すると、周囲の反応は大きく変わりました。弊社が一からつくってきたM&Aの手法が、業界標準として認められていったのです。

そして、「M&Aを通じて企業の存続と発展に貢献する」という理念も、社会性のあるものとして認知され、より高くその旗を掲げて、積極的に事業を展開できるようになりました。

三つ目が、「社員や株主の幸せの実現」です。

上場によって会社の信用力や社会性が高まれば、社員は「自分は立派な会社で働いている」と誇りをもつことができます。

モチベーションの面だけではありません。住宅ローンを組んだり不動産投資を行ったりする際などに、銀行からの借入条件が有利になります。社員持株制度などで社員に株を持たせれば、上場後の成長によって社員に経済的な利益をもたらすこともできます。

日本M&Aセンターの社員はストックオプション制度で自社の株を持っています。新規上場した当時の時価総額は200億円程度でしたが、2020年の10月には1兆円を超えました。当時誰もが予想していなかった成長の裏側に、「成果を出せば会社が豊かになり、結果的に自分も豊かになる」という社員のモチベーションがあったことは間違いありません。

社員が豊かになるのなら、当然、株主も豊かになります。

日本M&Aセンターは、全国の会計事務所の先生方から出資していただいて創業しました。公認会計士や税理士の先生方からは、M&A案件の紹介や業務のサポート、フォロー

日本M&Aセンターが株式上場で得た3つのもの

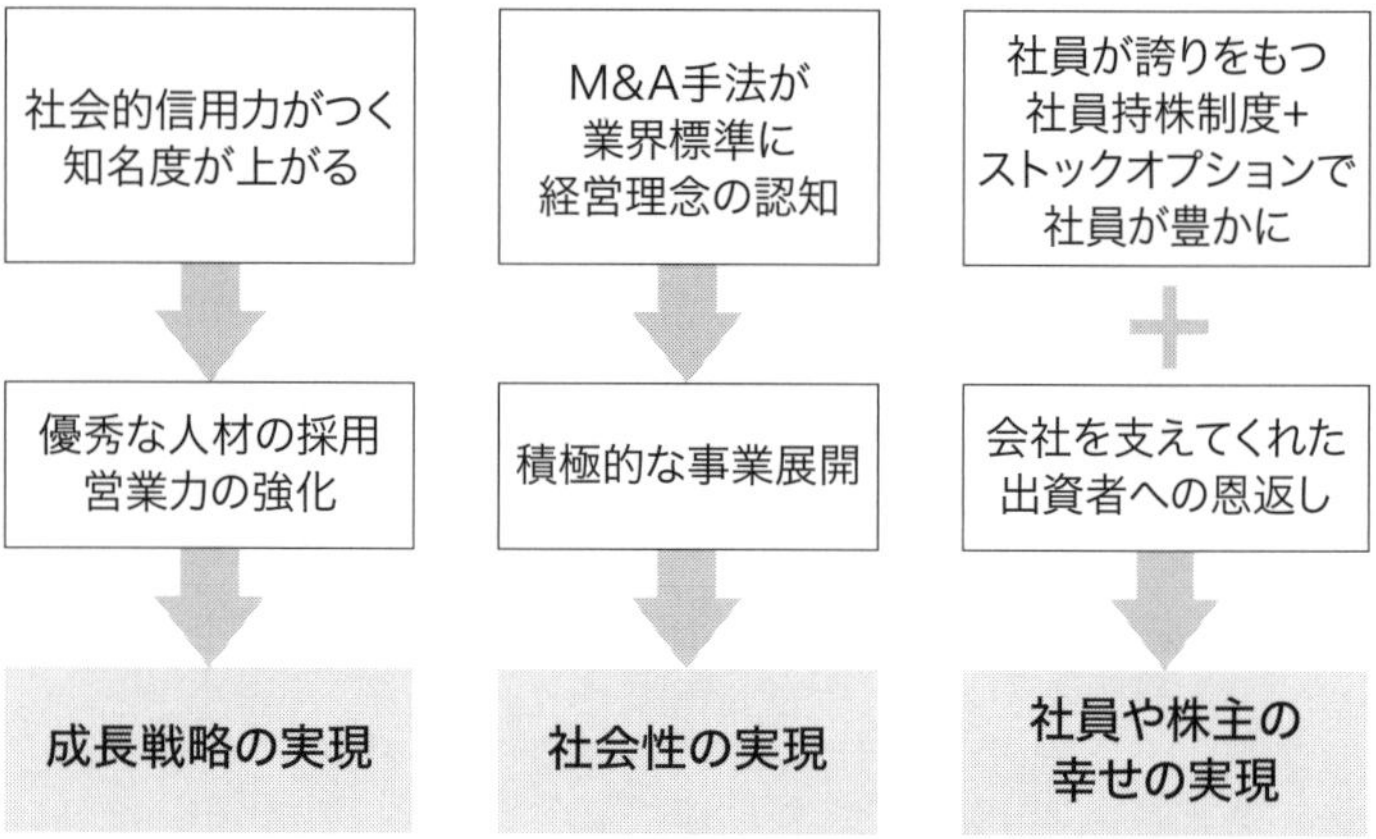

をしていただきました。先生方が積極的に動いてくださったのは、私たちの理念に共感していただけたからでしょう。

結果的に、上場時には株式の評価額は出資時より相当に高くなっていて、上場で流動性も増しました。お世話になった先生方に経済的な恩返しができて、三宅もホッと胸をなでおろしたそうです。

M&A市場は拡大し続けているので、上場という選択肢を選んでいなくても、弊社はそれなりに成長していたかもしれません。しかし上場していなければ、現在の規模まで成長することはなかったと思います。

上場が企業の成長を加速させることを、私たちは身をもって体験しています。

2　上場で得られる三つのメリット

社会的な信用が得られる

日本M&Aセンターは、上場を機に成長をグンと加速させることができました。では、他の業種や業態ではどうでしょうか。あらためて一般の上場メリットを整理してみます。

上場のメリットとしてもっとも大きいのは「信用力の向上」です。

上場すれば、日本経済新聞の株式欄に社名が毎日載ります。日経新聞に名前が載るのは一種のお墨つきであり、「売上がいくらです」とアピールするより世間に受け入れられやすくなります。

大学の就職課では、求人情報を上場企業用の掲示板に載せてもらえます。学生は上場企業を優先してチェックしますから、未上場のときより断然目にとまりやすくなります。上場していれば「安心して就職できる企業に違いない」とよい印象を抱きます。転職サイトでも、上場・非上場の区分は必ずありますから、中途採用の応募者も格段に増えます。

よい印象を抱いてくれるのは海外企業も同じです。国際間取引は、商習慣の違いなどからトラブルが起きがちです。それを避けるため、あるいは万が一のことがあっても対応しやすいように、できるだけ信用力のある企業をパートナーにしたいと考えます。

ところが、海外企業は日本企業の実績や評判を詳しく調べることができません。そこで頼りにするのが、上場しているかどうか。とくにアジアの企業と取引しようとするときは、東証に上場していることが強力な武器になります。

財務面でも、上場で得られる信用力は絶大です。

上場すれば金融機関からの信頼性が高まり、融資が受けやすくなる、融資の枠が増える、あるいは金利が下がるといった恩恵を受けられます。また、経営者個人の連帯保証は、上場前までに解消するのが原則になっています。個人保証が外れれば、経営者の心理的な負担は一気に軽くなり、成長のための戦略実行にドライブをかけることができます。

一般市場への上場目的の一つに、株式を発行することによって市場から事業に必要な資金を調達することがありますが、上場すれば信用力が上がって金融機関から借入がしやすくなるので、あえて株式を発行することで資金調達をする必要はないと考えている経営者の方々も多くいらっしゃいます。

信用力が上がるのは、社員個人も同様です。上場企業の社員になることで、先述したように、住宅ローンの金利優遇が受けられるなどといったメリットがあります。金融機関が、上場企業の社員は安定した収入を長期的に得られると判断しているからです。子どものお受験でもプラスに働くことは容易に想像できます。上場による信用力向上は、社員の生活にまで直接的な影響を及ぼすのです。

組織経営の土台をつくるチャンス

上場の二つ目のメリットとして、「組織力の強化」があげられます。

東証が毎年行っているアンケートでも、多くの方が「当初期待していたよりも大きな効果があった」と回答しています。

これは上場をめざして本格的に準備を行う段階から見えてくるメリットでもあります。

創業から間もない企業や小規模の企業は、社内体制が整っておらず、個人の能力に頼った属人的な運営がなされていることが少なくありません。

たとえば会社のお金と経営者の財布が混然一体となって区別がついていなかったり、肩書上の役員や管理職はいるものの、事実上は経営者のワンマンで、経営者が指示を出さなければ業務が進まなかったり。また、分業や権限委譲がある程度進んでいても、経理は昔からのベテラン社員が握っていてブラックボックスと化していたり、先代のときから右腕として働いていた番頭が、代替わりしても権力をふるっているケースもあります。

このように経営者や一部のキーマンに権力が集中した運営は、経営上のリスクがとても高いものです。組織内に〝聖域〟がつくられた結果、コンプライアンス（法令遵守）に反する行為が行われたり、非効率なやり方があっても温存されたりすることも珍しくありません。また、経営者やキーマンが病気やケガをしたり退職したりして業務が止まってしまったという話もよく聞きます。

リスクが顕在化しなくても、組織化されていない経営ではいずれ成長が止まる可能性があります。中小企業の経営者には営業も企画も事務も何でもできるスーパーマンタイプの方が多いのですが、やはり一人の力には限界があります。企業を継続的に成長させたいのなら、どこかで属人的な経営から組織経営に切り替えていく必要があるでしょう。

上場は、これまでの属人的になっていた業務を人から引きはがして、組織経営の土台をつくる絶好のチャンスです。弊社社長の三宅は、「上場準備は全身にシャワーを浴びるようなもの。浴びるだけキレイになっていく」と表現しています。

創業から10年もたてば、会社にはさまざまな垢がついてきます。それは一生懸命走った結果ですから誇るべきものではありますが、そのままではどんどん走りにくくなっていきます。新たなステージに行くために、一度シャワーを浴びてこれまでのしがらみを洗い流し、整理する必要がある。その最適な機会が上場準備だというわけです。

具体的には、上場基準を満たすために、社内規定を整える、決裁権限を明確にする、チェック体制（監視機能）を設けるなど、組織体制の整備を行う必要があります。

いままでは年に1回、税務申告のために行っていた会計処理も、税務会計から財務会計へ変換しなければなりません。そして、半期ごとに決算情報をまとめて、決算期末後45日以内に開示することが求められますから、そのベースとして月次決算の実施や予算実績（予実）の管理・分析も必要になります。

はじめは面倒だと思うかもしれませんが、会社の状況をタイムリーかつ正確に把握できるようになるので、より速くより自信をもって意思決定をすることが可能になります。

また、権限委譲が進むことによって、社員のやる気や責任感はアップしますし、経営者が本来の業務（事業戦略や戦術を考え実行すること）に集中できるようになります。

こうやって上場基準で求められる項目を一つひとつクリアしていけば、おのずと組織力が強化されていくのです。

社員が「上場会社品質」を意識する

三つ目のメリットは、「社員の士気向上」です。

これは「信用力の向上」や「組織力の強化」と密接につながっています。会社の信用力が上がれば、社員はその信用を損なわないような立ち居振る舞いをするようになります。上場会社に勤めていることにプライドをもち、「よし、〝上場会社品質〟でやろう」と向上心をもって仕事に取り組んでくれるのです。

社員一人ひとりが「上場会社品質」を意識するようになれば、当然、全体としての組織力も向上します。組織として生産性が向上する、ミスが減るという効果も期待できます。

また、会社への忠誠心が高まるため、離職率が改善します。なかには「上場会社の品質についていけない。もっと自分勝手を認めてくれる会社で働きたい」と考えてドロップアウトしていく社員もいるかもしれません。しかし、そういうタイプの社員は、会社や周囲の社員の成長の足かせになる可能性もあるので、社員の入れ替わりを上場に必要な新陳代謝と考えれば、双方にとって幸せなことなのではないでしょうか。

東証への上場で得られる3つのメリット

信用力の向上

- **採用・取引**
  新卒採用に有利
  海外取引がやりやすい
- **財務**
  融資が受けやすく
  個人保証が外れる
- **福利厚生**
  社員が
  住宅ローンで優遇

組織力の強化

- **経営**
  属人的経営から
  組織経営に
- **体質**
  社内規定の整備
  決裁権限の明確化
- **会計**
  税務会計から
  財務会計へ
  月次決算の実施

社員の士気向上

- **向上心**
  「上場会社品質」で
  仕事に取り組む
- **生産性**
  生産性の向上
  ミスの低減
- **忠誠心**
  離職率の改善
  組織の新陳代謝

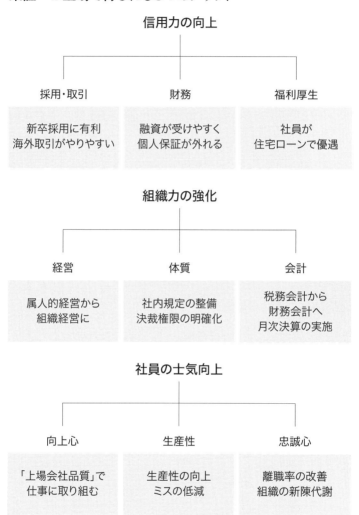

3 マザーズにはないTPM独自のメリット

一般市場と同じ信用力

「信用力の向上」「組織力の強化」「社員の士気向上」――上場は、企業にこれら三つの効果をもたらします。これらの効果が得られるのは、TPMも同じです。

TPMはプロ投資家向けの市場ゆえに、マザーズなどの一般市場に比べて上場しやすいことは第1章で説明しました。上場に伴う負担は軽減されるのに、メリットは一般市場と同じように得られる。このコストパフォーマンスの高さがTPMの魅力の一つです。

一般市場とは上場基準が異なるのだから、得られる信用力も異なるはずだと思われる方も多いと思います。しかし実際には、世間一般が受ける印象はほとんど変わりません。

東証は、TPMの上場企業にも東証一部やマザーズへの上場と同じ上場セレモニーを用意してくれます。取引所のシンボルである鐘を鳴らし、記者会見を開くことができます。その様子を広報に活用すれば、見た人は一般市場に上場した企業と変わらない信頼を寄せるでしょう。

ＪＰＸ（東京証券取引所、大阪取引所、東京商品取引所などを運営する日本取引所グループ）のロゴマークも、一般市場上場企業と同じように利用できます。当然、４桁の証券コードも付与されます。

ＪＰＸのロゴマークと証券コードは、名刺や会社案内、営業用のパンフレットなどに使用できます。人によっては、名刺にこのマークがあると態度が豹変することもあります。営業の場面で効果を実感できることは間違いありません。

一般市場とＴＰＭの違いを意識するのは、企業に融資や投資をする金融の専門家くらいです。それ以外の人の多くは、一般市場とＴＰＭの違いよりも、東証に上場しているかどうかの違いのほうに関心をもちます。その意味で、ＴＰＭ上場の信用力は一般市場に上場したときと同等なのです。

オーナーシップを維持できる

ＴＰＭへの上場には、一般市場への上場にない独自のメリットがあります。

その最たるものは、顔の見えない外部株主を入れずに、「オーナーシップ（支配権）を維持すること」が可能なこと。

企業が株式を上場する目的の一つに、株式による資金調達があります。新株を発行して公募増資したり自社が保有する株を売り出したり（公募・売出し）することで資金を調達して、投資や借入の返済に回します。

ただし、公募・売出しを実施すると、経営者が保有する株式の割合が下がってオーナーシップが低下します。

本来、外部の株主が増えるのはガバナンスの強化という観点でよいこととされていますが、株式市場にいるのは経営者の理念や長期経営戦略に共感してくれる投資家ばかりではありません。むしろ短期的な利益を追求する株主も多く、経営者は長期的な視野に立った経営判断を下しづらくなります。

たとえば、10年後を見据えて新規事業に投資をしたかったのだが、「そんなに儲かっているなら配当を」という株主の声に負けて、投資を先送りしてしまった……というケースも考えられます。

ならば、公募・売出しをしなければいいじゃないかと考える人がいるかもしれませんが、一般市場でそれはできません。

一般市場の上場基準の一つに、流通株式比率があります。一部で35％以上、マザーズで25％以上です。比率の低いマザーズでも、全株式の４分の１は市場で流通させる必要があります。その水準に達していなければ、オーナー経営者は自分の保有する株式の一部を手放さざるを得ないのです。

上場したいけれど、オーナーシップは強固なまま手放したくない――。

ＴＰＭならそれが可能です。ＴＰＭの上場には形式基準がなく、流通株式比率に関する定めもありません。実務上、上場する際には株取引の実績（株価）をつくるために株式を売買することが必要なので１００％の保有はできませんが、その売買取引の株式数を最小限にすることでオーナー経営者が株式の99％を保有したまま上場することもできます。

株式の大部分を保有したままなら、上場後に顔の見えない株主が勝手に入ってくるリスクはないし、突然、ＴＯＢ（株式公開買付け）を仕掛けられる心配もありません。オーナー経営者は安心して経営に専念できます。

もちろんＴＰＭでも株式の公募・売出しが禁じられているわけではありません。ＴＰＭで株式を発行して資金調達を行い、成長を加速させた企業もあります。

ただ、ＴＰＭの開設以来、新規上場時に新株を発行した企業は41社中３社だけです。Ｔ

PMでそのケースが少ないのは、強いオーナーシップの維持を望む経営者が多いことも一因です。

先にも解説しましたが、上場すれば金融機関からの借入条件が有利になるため、わざわざ株式市場から資金調達する必要性は薄れます。ならばオーナーシップは維持したままがいいと考えるのは、経営者として自然な思考だと思います。

日経新聞の株式欄を見てください。TPM上場企業も掲載されていますが、ほとんどの銘柄は価格がつかず、「ー」となっています。こうした記載になるのは、市場で株式が売買されていないためです。

スピード上場できる

オーナーシップを維持する選択（公募・売出しをしない選択）をすれば、上場のタイミングが株式市況に左右されないというメリットも得られます。

あたりまえですが、株式市況が悪くて相場が下がっているときは、市場から資金調達するのに適したタイミングだとはいえません。実際、一般市場で新規上場を予定していたのに、株式市況の悪化を見て延期した例は数多くあります。

しかし、先延ばしすれば、信用力の向上や社員の士気向上という効果を得るのも先の話になってしまいます。一方、最初から株式を流通させない前提なら、株式市況に左右されることなく、スケジュールどおりに上場を実行できます。

仮に資金調達を予定していたとしても、上場準備から上場承認の期間が短いTPMは有利です。第1章でも解説しましたが、一般市場への上場は2期分の監査が必要ですが、TPMは1期分です。上場申請後のプロセスもTPMのほうが短期間で承認に漕ぎつけられます。

「スピーディに上場できる」ということは、それだけ市況変化のリスクを避けられるということ。このスピード感も、TPM独自のメリットといえるでしょう。

アドバイザーの支援が受けられる

「J－Adviserの支援」が受けられることもTPMならではの利点です。

一般市場への上場でも、上場準備のプロセスでは証券会社や投資銀行、IPO（新規上場）コンサルタントが親身になって面倒を見てくれます。ただ、証券会社は上場時の株式売出しや公募増資を手伝って手数料を得るビジネスモデルなので、上場後のサポートまではしてくれません。上場実現によって成功報酬を得るＩＰＯコンサルタントも同様です。

一方、ＴＰＭはＪ－Ａｄｖｉｓｅｒとの契約が必須で、上場前だけでなく上場後もＪ－Ａｄｖｉｓｅｒが継続的にモニタリングや指導を行います。

モニタリングそのものは上場を維持するための形式的な義務にすぎませんが、モニタリングを通して経営課題を見つけ、アドバイザーとして成長を支援していくことが、Ｊ－Ａｄｖｉｓｅｒの本来の価値です。上場前から会社の内実をよく知っているアドバイザーが上場後も引き続きサポートしてくれるのは、上場企業にとって心強いものとなります。これを制度化しているのはＴＰＭのみです。

ＴＰＭへの上場は、一般市場への上場と変わらない効果を得られるばかりか、ここに紹介したプラスアルファのメリットがあります。

上場基準が一般市場より柔軟になっているから格下だという印象を抱く方もいらっしゃるかもしれませんが、そもそも異なった考え方のもとに設計された株式市場であり、むしろＴＰＭが優れている点もあるのです。

TPM独自のメリット

オーナーシップを維持できる

ＴＰＭの上場審査には形式基準がなく、流通株式比率に関する定めもない

↓

オーナー経営者が株式の99％を保有したままでも上場できる

↓

上場後に顔の見えない株主が勝手に入ってくるリスクがない
突然ＴＯＢ（株式公開買付け）を仕掛けられる心配もない

↓

オーナー経営者は安心して経営に専念できる

スピード上場できる

ＴＰＭは１期分の監査なので上場準備から上場承認までの期間が短い
上場申請後のプロセスも短期間で承認に漕ぎつけられる

↓

株式市況に左右されずにスケジュールどおり上場を実行できる
市況変化のリスクを避けられる

アドバイザーの支援が受けられる

J-Adviserとの契約

↓

〈上場前〉
上場準備の指導を受ける
〈上場後〉
継続的にモニタリングが受けられる
アドバイザーとして成長を支援してもらえる

4　TPM上場に適している会社

社会性を重視する会社

TPMは一般市場と異なる性質をもっていますが、どんな企業がその性質を最大限に活かせるのでしょうか。

TPM上場をめざす企業経営者の胸の内は、次の二つに大別できます。

「オーナーシップを維持したまま、上場会社としての信用力を得て自社を成長させたい」

「マザーズやJASDAQ上場のためのステップとして活用したい」

これらの動機のどちらかに感じるところがあれば、TPMへの上場が向いています。

TPMは経営者のオーナーシップを維持したまま上場できる市場であること、そしてオーナーシップの維持が経営の自由度の高さにつながることはすでに説明しました。

とはいえ、自由度が高いからといってわがまま放題にやっていいわけではありません。

TPMも一般市場と同じく、公益性が上場会社として要求される条件の一つになっています。たとえ儲かっても、社会性のない事業は上場会社として相応しくないということです。

そもそも社会性のない事業は成長しません。弊社会長の分林保弘《わけばやしやすひろ》は「企業を評価するうえで必要な物差しは、『収益性×成長性×安定性×社会性』の四つだ」と言いますが、とくに近年は「ＳＤＧｓ（持続可能な開発目標）」の流れで社会性の重要度が増していて、社会性を無視した企業は顧客に支持されなくなってきています。

投資家もこの流れを意識しています。環境（Environment）、社会（Social）、ガバナンス（Governance）に取り組む企業を投資対象とする「ＥＳＧ投資」が盛り上がりつつあるのは、歓迎すべき動きだと思います。

ただ、その一方で、一般市場にはいまだに利益至上主義、株主至上主義の投資家も多くいます。経営者が社会をよくするために事業を展開しようと考えても、そうした株主が足を引っ張り、ビジョンや理念の実現を妨げることもあるのです。

ＴＰＭならば、利益至上主義、株主至上主義の株主たちの声に惑わされることなく、経営者が思い描くビジョンや理念の実現に邁進することができます。

そういう意味でＴＰＭは、たんに経営の自由度を確保したいというだけでなく、社会貢献に対して強い思いをもった企業にぴったりの市場といえます。

マザーズ、JASDAQをめざして

もう一つの「マザーズ、JASDAQ上場をめざしている企業」はどうでしょうか。

この目的をもつ企業もTPM上場に向いています。

もちろん最初からマザーズやJASDAQにスピーディに上場できるなら、それに越したことはありません。しかし、いきなり一般市場への上場をめざす企業には、現実問題として二つの壁が立ちはだかります。上場基準の高さと上場承認までの時間です。

一般市場に上場する場合は、TPM上場にはない形式基準（数値基準）を満たす必要があります。まだ信用力が不十分な状態で、利益や時価総額などの形式基準をクリアするのは簡単ではありません。いったん信用力が得られれば、それを活用して事業を成長させて、さらに次のステップをめざせるようになりますが、最初に登るべき山が高すぎて登り切れない企業も多いのです。

山登りをしたことがない人や体力に自信がない人は、まず低い山で経験を積むところからスタートするのがおすすめです。株式市場でいえば、上場基準が柔軟に設定されている

ＴＰＭでトレーニングをするのです。ＴＰＭ上場で信用力を高め、それをテコに事業を拡大すれば、一般市場への上場はおのずと近づいてきます。

トレーニングになるのは定量的な面だけではありません。一般市場への上場時には、ＴＰＭ上場時に求められるレベルより一段上のガバナンスやコンプライアンス、決算開示が求められます。

たとえば一般市場で求められる決算開示は四半期に一度です。それができる人員やシステムの体制を整えるのは大変ですが、ＴＰＭで求められる決算開示は半期に一度なので、まずはそれをめざして体制づくりをする。ゼロの状態から「四半期決算をやれ」と言われると経理担当者は腰が引けてしまうかもしれませんが、半期に一度なら前向きに取り組んでくれるに違いありません。

また、一般市場への上場はどうしても時間がかかります。ゴールが遠くにあると、最初は前向きな気持ちで取り組んでいても、途中で息切れを起こして経営者も社員もモチベーションが低下してしまうおそれがあります。

しかし、ステップとしてＴＰＭ上場を挟むなら、その心配も無用でしょう。上場承認までスピーディなので途中で気持ちが切れにくいし、上場の成功体験を得ることで、一般市場への上場に向けてさらに高いモチベーションで臨めるはずです。

すでにある程度の規模になっている会社や、成長への道筋がはっきり見えているＩＴ企業などは、最初から一般市場への上場にトライしたほうがいいでしょう。しかし、一般市場への上場まで距離がある中小企業が同じことをやるのはどうでしょうか。無理をせず、株式上場の着実な第一歩としてＴＰＭをめざすことが、結果的に賢い選択になるのではないかと私たちは信じています。

5　TPM上場で事業承継の悩みを解消する

有利なM&Aで事業を売却する

現時点でTPMに上場している企業での事例はありませんが、最近問い合わせが増えているTPMの新しい活用法があります。「事業承継への活用」です。

日本では、経営者の高齢化が進んで事業承継のニーズが高まっています。ただ、後継者が不在だったり、後継者となるお子さんや幹部がいても経験が不足していたりして、事業承継が難しい企業が少なくありません。

TPM上場は、その悩みを解決する手段の一つとなります。

まず後継者が不在のケースを考えてみましょう。

後継者候補となる子どもや幹部がいない場合、有力な選択肢として浮上するのが、他社への株式譲渡です。会社ごと売却すれば、事業や雇用は買い手企業に引き継がれて、経営者は安心してリタイアできます。

そのパターンは一様ではありません。株式を譲渡しても、先方との取り決めで売り手企業の経営者が引き続き社長を務めるケースもあれば、売却資金を元手にして新会社を立ち上げて第二の人生をスタートさせる経営者もいます。いずれにしてもM&Aで経営者は後継者問題から解放されて、自分のやりたいことに専念できます。

ただし、どのような会社でもすぐに理想の買い手が見つかるわけではありません。日本M&Aセンターは、まさしくM&Aの仲介業で成長した会社であり、数々のM&A事例を当事者として見てきました。その経験からいえるのは、ガバナンスの効いていない企業や透明性のない企業には買い手が二の足を踏むということです。

買収検討時にはデューデリジェンス（買収調査）を行って売り手の財務や法務（労務）、事業の状況を明らかにします。しかし、それでもすべてを把握できるわけではなく、買収後に「こんなことがあるとは聞いていなかった」という想定外の事実が発覚することがまれに起こります。

買い手はそうしたリスクを減らすため、ガバナンスが弱い会社や不透明な会社に対しては、買収を断念する、あるいは安く買おうとする傾向があります。

では、どうすれば買い手に安心して買ってもらえるのか。

シンプルでわかりやすいのが、上場企業になることです。

上場基準を満たしていれば、コーポレート・ガバナンス（企業統治）、ディスクロージャー（情報開示）、コンプライアンス（法令遵守）の面で一定の水準をクリアしていることの証明になります。売り手から見れば、それを証明することで買い手に魅力をアピールして、適切な額で株式譲渡しやすくなる利点があります。

今後は数年後の自社売却を念頭に置いて、まずＴＰＭに上場して社内体制を整え、企業価値を高めようとする企業が増えてくるでしょう。オーナーシップを維持したまま上場できるＴＰＭなら、こうした活用方法もあるのです。

後継者に実績を積ませる

後継者候補となる子どもはいるものの、現状では力不足でまだ会社を継がせられない場合にも、ＴＰＭへの上場が効果を発揮します。

たとえば「創業経営者が70代に入ってリタイアを検討。二代目の息子は他社で5年修業したのち入社して、いま5年目で年齢は30代前半」という会社があったとします。

将来、社長の息子が会社を継ぐことは社内の誰もが頭では理解しています。しかし、古参の幹部から見れば、二代目はまだ新人に毛が生えた程度。キャリアや業界の知識も自分のほうが圧倒的に優っているのに、いきなり経営者として上に立たれることに心理的な抵抗を覚える幹部がいたとしてもおかしくありません。

実際、それが原因で社内が割れて、最終的に幹部が社員や顧客を引き連れて独立してしまった例は数多くあります。

後継者の経験不足や力不足から起きる混乱を未然に防ぐには、誰もが一目置く実績を後継者候補につくらせる、つまり〝ハクをつける〟ことが一番です。効果的なのは、頭打ちになっていた既存事業の責任者になって売上を伸ばす、あるいは新規事業を立ち上げて軌道に乗せるといった実績づくりです。

そうした実績づくりの一つとして、「TPM上場の旗振り役を任せること」が考えられます。

上場準備はけっして楽な道のりではありません。J－Adviserがサポートしてくれるとはいえ、社内体制を整える作業は二代目自身が先頭に立って汗をかかなければいけません。しかもガバナンスをしっかり効かせるためには、会社のことを隅から隅まで把握する必要もあります。これを成功させることができれば、社内外からの社長の息子を見る

事業承継の悩みを解決

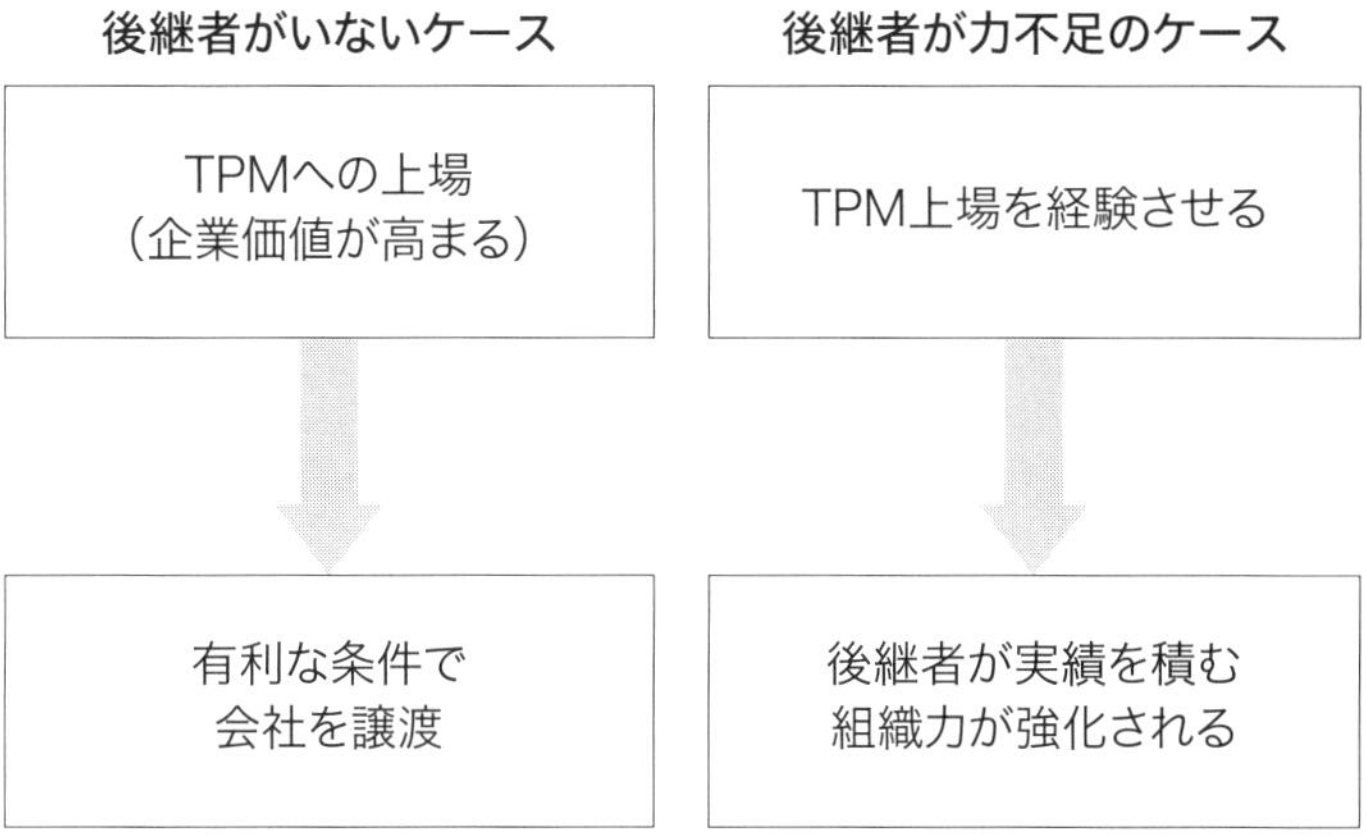

目が変わるでしょう。

ＴＰＭ上場の旗振り役を任せることは、実績づくりになるだけではありません。上場企業になれば社員は以前にもまして自社に誇りをもつようになります。

古参の幹部も、上場企業の役員という肩書がうれしくないはずがありません。その誇りをもたらしてくれた後継者にマイナスの感情は抱きづらいでしょう。

上場準備の過程で組織力が強化されることも重要なポイントです。

現社長のワンマン経営になっていた場合、後継者がそのまま会社を継いでもなかなかうまくいきません。若い後継者に現社長と同じようなカリスマ性や能力があるとは限らないからです。

しかし、上場をめざせば、その過程で個人の能力に頼っていた部分にメスを入れて「仕組み化」することが可能です。

仕組み化するということは、スーパー社長でなくても経営ができるということ。上場準備の先頭に立つことで後継者に力はつきますが、仮に力が十分についていなくても困らないだけの組織体制ができるのです。

TPMへの上場は、後継者の実績づくりや育成に大きく役立ちます。同時に、組織を揺るぎないものにしてバトンタッチしやすくする効果もあります。

後継者がいてもまだ頼りない場合、逆に後継者が会社を継ぐことに躊躇している場合も、TPM上場を活用してスムーズな事業承継につなげていくことができます。

6　ＪＡＳＤＡＱ上場の足がかりに

オーナーシップを維持したまま上場

株式の流動性がないといわれるＴＰＭですが、株式の売買がまったく行われないわけではありません。上場後に株式を売却することで成長を加速させたケースもあります。具体例を1社紹介しましょう。石川県で歯科医院向けに歯科材料の通信販売を展開している株式会社歯愛メディカルです。

同社の創業は2000年。歯科医師である社長が歯科材料の価格の高さに疑問を抱き、歯科材料のカタログ販売を始めたことがきっかけでした。歯科医師の視点から開発した商品が評判になり、現在は全国に7万ほどある歯科医院のうち、6万以上が歯愛メディカルのユーザーになっています。

成長を後押ししたのがＴＰＭへの上場でした。同社は知名度や信用力の向上を目的に、2016年6月にＴＰＭに上場。このときの株主は3人で、ほぼすべてを社長ご夫婦が保有していました。オーナーシップを維持したままの上場です。

地元紙に決算発表が取り上げられたりした結果、当初の目論見どおり、上場をしたことで知名度や信用力が向上し、独自商品の製造を請け負う海外メーカーとの取引も拡大したといいます。

一部上場企業との提携で事業を拡大

上場は、さらなる効果を生み出しました。東証一部上場企業であるエア・ウォーター株式会社からのアプローチで、同年10月に資本業務提携が実現したのです。

提携先は、医療用ガスや医療機器の販売、病院設備工事などを行う大手企業です。株式のうち39・9％を譲渡しましたが、株式譲渡後も6割は社長ご夫婦が保有していたのでオーナーシップは維持されています。

この提携を機に、歯愛メディカルは提携先の施設や設備を活かして新拠点を設立し、提携先がカバーしている医療・介護分野への進出を加速させることで事業拡大に弾みをつけたのです。

さらに注目したいのは、1年後の2017年12月に行われたJASDAQへの上場です。ＪＡＳＤＡＱ上場時には１００万株を売り出しました。ＴＰＭ上場時の時価総額は２４０億円でしたが、ＪＡＳＤＡＱ上場後は８００億円前後で推移して、投資家から高い評価を得ています。

ＴＰＭが一般市場に比べて株式の流動性が低いことはたしかです。しかし、上場によって知名度がアップし経営の透明性が高まれば、歯愛メディカルのように資本業務提携のパートナーも見つけやすくなります。

オーナーシップを高いレベルで維持したまま経営するか、株式売却によって資本業務提携先とのシナジーを狙ったり、資金調達で財務基盤を強化するかは、経営者の判断です。ＴＰＭは前者に向いていますが、後者の戦略をとることも十分可能です。

7 「スター企業」が地方を元気にする

大学卒業後のUターン率が低い都道府県

みなさんは大学卒業後のUターン率がもっとも低い都道府県をご存じでしょうか。

そこは教育レベルが高く、受験時の偏差値が60を超える高校が14～15校あり、東大進学者も数多く輩出しています。

ところが、県外の大学に進学した優秀な若者がなかなか地元に帰ってきてくれません。Uターン率は全国ワーストの6％。大学進学を機に地元を離れた若者の9割以上が、そのまま外で就職してしまうのです。

それは長崎県です。なぜUターン率が最低なのか。

理由ははっきりしています。若者が「この会社で働きたい」と思えるキラキラした会社が少ないからです。成長している企業、将来性のある企業、そこで働いていることを自慢できる企業であれば、給料も期待できます。

若者も郷土愛をもっています。しかし、自分の能力を活かすことができ、それに相応しい対価を支払ってくれる企業が東京や大阪、福岡にあるなら、そちらに就職するのも無理はありません。愛の問題ではなく生活や人生の問題です。

現在、長崎県に本社を置く上場企業は1社もありません。長崎発祥として有名なリンガーハットは一部上場企業で、登記上の本店は長崎市ですが、本社は東京に置いています。佐世保市に本社があるジャパネットたかたは誰でも知っている会社ですが非上場企業です。

県内に唯一本社を構える上場企業だった十八銀行は、2019年にふくおかフィナンシャルグループの完全子会社になって上場廃止になりました。現在、ハウステンボスがIPO（新規上場）の準備をしていると報道されていますが、現時点では長崎県内に上場企業の本社は存在しないのです。

一般的に、上場企業は非上場企業より給料が高く、福利厚生や社内制度も充実しています。長崎にUターンする若者が少ないのは、上場企業の本社がなく、県内の雇用や待遇のレベルを引っ張る企業が存在しないからではないでしょうか。

同じような悩みをもつ県は全国に多くあります。たとえば奈良県には、全国でもトップクラスの偏差値を誇る東大寺学園、西大和学園という進学校があります。ほかにも偏差値

70前後の高校がいくつかあり、奈良県の高校3年生1000人当たりの東大進学者数は東京都に次いで全国2位です。

それほど教育レベルが高い県ですが、Uターン率は10％と低迷。原因はやはり勤め先です。現在、奈良県の上場企業は6社です。大阪（435社）や京都（69社）に隣接するエリアにしては少なすぎると感じるのは私だけではないと思います。

こうした状況を変えるポテンシャルをもっているのがTPMです。

「スター企業」が地元を活性化する

第1章で示したように、一般市場に上場している会社の7割は東京に本社を置いていますが、TPM上場企業は7割が本社を地方に置いています。

「日本の各地を歩くとわかりますが、地方には高い技術力や優れたビジネスモデル、そして素晴らしい志をもった中小企業がたくさんある」と弊社社長の三宅は言います。

それらの企業がTPM上場をきっかけに成長して、地元の「スター企業」になれば、その会社で一緒に働いて夢を実現したいと考える若者が故郷に戻ってくるのではないでしょうか。

都道府県別の上場企業数（総数3860社）

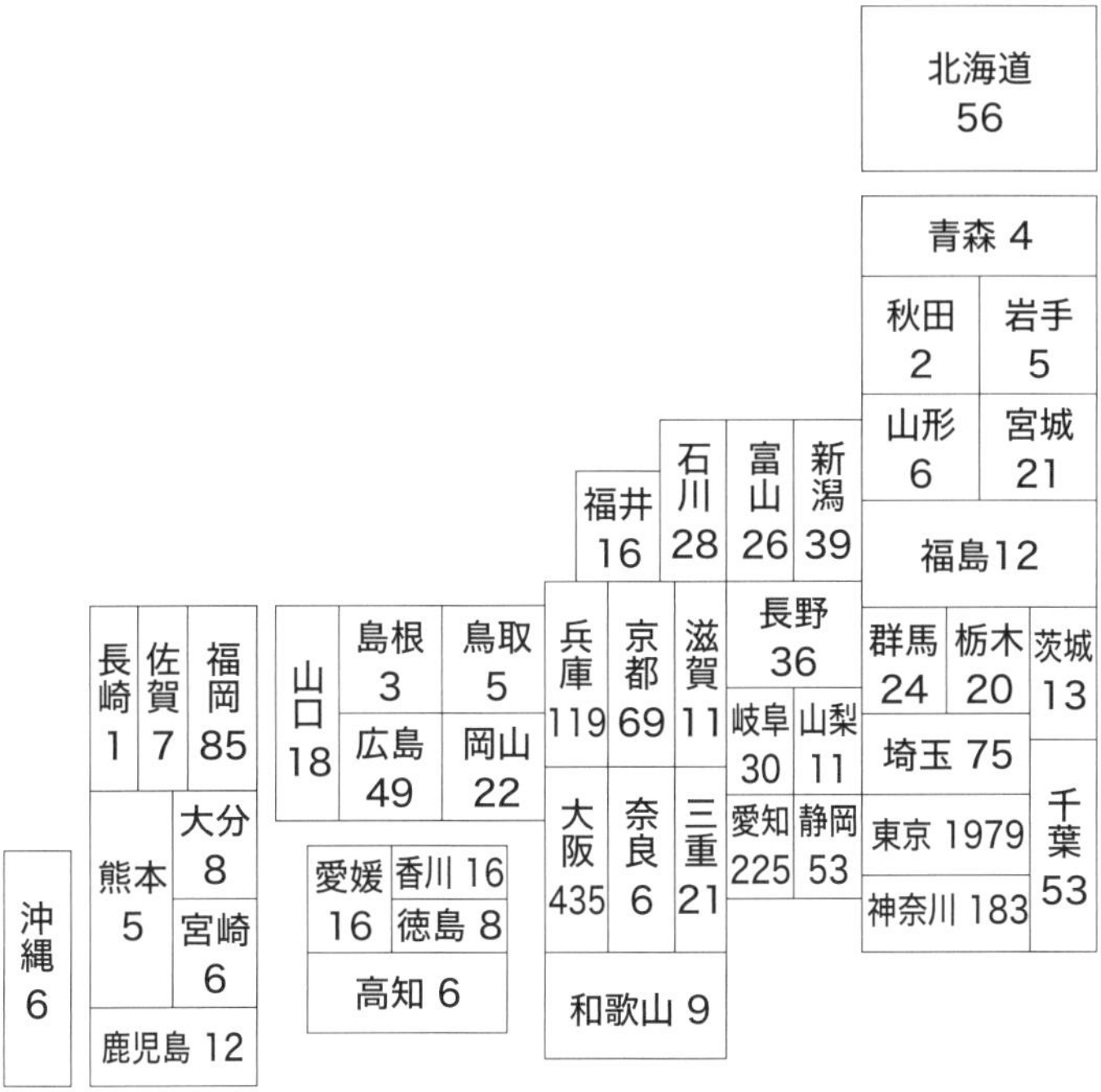

※2020年12月30日時点。本店所在地にて集計
外国上場企業（4社）、伊藤園の優先株式、信金中金の優先出資証券を除く

そして周囲の企業もスター企業に引っ張られて、地域全体の雇用の拡大や待遇改善へとつながっていくでしょう。

成長の可能性を秘めている企業でも、最初から一般市場に上場するのはハードルが高いものです。しかし、ＴＰＭなら身の丈に合った形で上場ができます。

ＴＰＭに上場する地方の中小企業をいかに増やせるか。日本の地方創生は、そこにかかっているといっても過言ではないと思います。

日本Ｍ＆Ａセンターは、「全国47都道府県すべてでＴＰＭ上場企業を生み出す」という目標を掲げています。現在Ｊ‐Ａｄｖｉｓｅｒ契約を結んでいるのは22都道府県の企業で、まだ全国の半分以下です。いっそうの努力が必要です。

ＴＰＭ上場が「スター企業」を生み、地方を活性化させる――企業の成長こそが地方創生の実現に大きく寄与すると私たちは信じています。

第３章からは、実際にＴＰＭに上場を果たした３社の事例を紹介します。

第 3 章

TPM上場の事例〈1〉
株式会社一寸房(建築設計業)

北海道の企業として地元を活性化させたい

1 地方創生

上場して地域経済を牽引する

地域外からお金を呼び込む

ＴＰＭの特徴の一つとして、地方企業の上場が多いことがあげられます。

先述したとおり、東証一部やマザーズなどの一般市場は東京の企業が7割を占めていますが、ＴＰＭは逆に7割が東京以外の企業です。地方で上場企業が続々と誕生すれば、その地域で人やお金が回り始めます。地域経済の牽引役として、ＴＰＭに上場する地方企業には大きな期待が寄せられています。

北海道札幌市に本社を置く株式会社一寸房《いっすんぼう》もその一社です。

同社は建築設計に関する測量・意匠・構造・施工・ＣＧ制作などのサービスをワンストップで展開する会社。特徴は、本州の顧客を中心としていることです。

地方の大型建築物は、東京のゼネコンが元請けで、地域の業者が下請け・孫請けになる構図が珍しくありません。これでは地域のお金が東京に流れてしまいますが、一寸房は本

一寸房の会社概要

会社名	株式会社一寸房
代表者	上山哲正
企業理念	一人ひとりの個が集まり、繋がり、ひとつになる。 成長を続ける、多様な才の集合体でありたい。
本社所在地	北海道札幌市
事業内容	建築設計、土木設計、測量調査など
設立年	2005年
TPM上場日	2020年10月28日
資本金	1億642万7800円（資本準備金含む）
売上高	9億7100万円（TPM上場前の2020年7月期）
従業員数	188名（グループ総社員数）

＊総社員数は2020年4月1日時点

州、とくに関東の建築物を多く扱って、地元北海道にお金を落としています。地域内でお金を回すだけでなく、地域外からお金を呼び込むという点で、まさに地域経済の救世主になる可能性を秘めています。

２０２０年10月28日、一寸房はＴＰＭに上場を果たしました。地方の企業にとってＴＰＭ上場はどのような意味をもつのか。さっそく紹介していきましょう。

一寸房の創業は２００５年。創業者の上山《かみやま》哲正《てつまさ》社長にとって、同社は2社目の創業でした。鉄工所の溶接工から身を立て、会社を興して建築の分野へ。現在と同じく設計を手がけていましたが、33歳のときに経営に失敗して倒産。以降は、フリーランスとして設計をし、仕事がないときは工場で溶接をしたり建築現場で現場監督をしたりしていました。

家族が生活していくための収入は十分にありましたが、40代になると、漫然とした日々に危機感を覚えるようになったと言います。

「43歳になるまで、まったりと生活していました。しかし、あと20年以上もこんなぬるま湯の生活を続けていたら自分は馬鹿になってしまうと不安になりました。馬鹿になりたくなければ、もう一度、プレッシャーのかかる場所に身を置かなければいけない。そういう場所を自分でつくろうと考えて、一寸房を立ち上げました」

創業時の社員は、上山社長を含めて3人。札幌市でマンションを1部屋借りましたが、1年半でより広い事務所に。その後も、事業が拡大し社員が増えるたびに引っ越しを繰り返しました。

事業は順調でしたが、人材面では悩んだそうです。上山社長は農業高校の出身で、高校卒業後は酪農の仕事をしていました。そこから別の業界で身を立てた自身の経験から、学歴や経験を問わず、やる気のある人なら誰でも採用していました。

「しかし実際にやらせてみると、設計には向き不向きがあって、図面を見て頭の中で建物を想像できない人もいることがわかったのです。この仕事に合っていない社員にそれを言い渡さなくてはならないことがつらかった。国立大学の卒業生が5人入ってくれたのですが、1人しか残りませんでした」

リーマンショックで月給10万円に

リーマンショックのとき、それまで右肩上がりだった業績に急ブレーキがかかりました。リーマンショックの直前は社員数が35人にまで増えていたため、その規模では乗り切れないと判断。希望退職を募り、残った社員の給与も20％カットすることに。社員に納得してもらうには、トップ自らが報酬を減額して覚悟を示す必要があります。上山社長は自身の月給を10万円に減額。それを2年間続けました。

「ちょうど息子が受験で、道外の大学に進学しました。部屋を借りるときに保証人が必要でしたが、私の年収は120万円しかない。妻のほうが年収が多かったので、保証人は妻になってもらいました」

そんな厳しい時期を乗り越えられたのは、開き直りができたからといいます。

業績が厳しくなると、少しでも売上を維持するために値下げに走りがちです。とくに建築業界はその傾向が強く、不景気になるとダンピング合戦が始まります。

リーマンショック当初は、上山社長も「値引きします」と言って懸命に営業をかけたそうです。しかし、途中から方針転換。割に合わない取引を一切やめて、取引先を利益が確保できる大手ハウスメーカー1社に絞ったのです。ヒントになったのは、タクシー運転手の何気ない一言でした。

「景気はどうかと聞いたら、『いやー、暇でダメです』と返ってきました。それを聞いてうらやましいと思ったんです。当時、私たちは土日も返上して必死に働いていました。でも、どうせダメなら、利益率の低い仕事を死にそうになるまでやって潰れるより、暇で潰れるほうがいいなと」

この開き直りが功を奏して、社員は余力を残したまま景気回復期を迎えることができ、その後は順調に成長していきました。

毎年昇給できる会社にしたい

上山社長が初めて上場を意識したのは2015年。友人と居酒屋で話していたときに、「中小企業でも上場できる株式市場がある」とTPMのことを聞いて、これまで無縁の世界だと思っていた上場が急に身近に感じられるようになりました。

思い立ったら即座に行動に移すフットワークの軽さが上山社長の持ち味です。話を聞いた翌日には上場について調べ始めて、1週間後には監査法人に来てもらって相談を始めました。

上場をめざした背景には、酪農に従事していたころの苦い経験もあります。

「土日にトラクターで作業していると、よく若いカップルがドライブして横を通り過ぎていきます。自分は365日汗を流して働いているのに、どうして若いカップルがベンツに乗っているのかと悔しくてね。俺たちの汗の価値は低いのかと屈辱的な思いがしました。だから会社を立ち上げたときに、『中小零細企業でかく汗も大企業と変わらない。社員の汗の価値を上げて、毎年、大企業のように給料を上げられる会社にしよう』と誓いました。上場は、そういう会社をつくるための礎になると考えたのです」

2 上場申請に向けて管理部門のレベルを引き上げる

上場準備の経験者が入社

上場申請に向けて、まず取り組んだのは人材面の補強。

当時、一寸房には事務担当の社員が3人しかいませんでした。3人とも上場準備はもちろん、上場企業に勤務した経験もありません。社内の体制を整えるためには、管理部門のレベルを引き上げることが必要でした。

管理部門を強化するなかで一寸房に加わったのが、現在、同社の取締役管理部長を務める加藤力《かとうちから》さんです。加藤さんは複数の会社で総務・人事部門を経験したのち、介護サービスをフランチャイズ展開する会社に転職し、そこで札幌証券取引所の新興向け市場であるアンビシャスへの上場準備を経験しました。残念ながらその会社の上場はかないませんでしたが、上場準備の経験を活かせる次の職場として一寸房を選びました。

加藤さんは、転職したときの第一印象を次のように語ります。

「私が入社したときには、上場に必要な各種の社内規程が一部はできていました。ただ、規程があっても運用のクオリティが低かった。たとえば稟議の仕組みはつくられていましたが、実質的に機能していませんでした」

しかし、それでも加藤さんは好印象だったと言います。

「以前の会社では社内が保守派と改革派に分かれて、『上場しないでいまのままがいい』と反発する人たちもいました。しかし、一寸房は社長が強い意志を示して、社員は半信半疑ながらも上場へのチャレンジを受け入れていました。仕組みをきちんと構築できれば、上場は難しくないという印象でした」

フラット型から階層型の組織に

こうして一寸房には上場準備の経験者という強力な援軍が加わりましたが、足りないものや整っていないものはまだたくさんありました。

たとえば組織体制です。それまで同社には部長や課長などの中間管理職がいなかった。役職の肩書をもつのは社長だけ。それ以外はみんな一社員という超フラット型の組織でした。フラット型では社員数が増えてくると統率がとれなくなりそうですが、上山社長は「人が集まれば自然に猿山のボスができる。その社員に伝えればだいたいみんなに伝わる」と、柔軟な指揮命令系統で対応していました。

階層型の組織にしなかったのは、上山社長が会社をプロ集団にしようと考えていたからです。「一寸房」という社名も、「会社があって個人があるのではなく、個が集まって房をなす」ことをめざしてつけています。

フラット型の組織は、プロとして個人の成長を促すという点ではうまく機能しました。しかし、上場するには房の隅々にまで目を配り、組織としてコントロールしていく必要があります。上山社長は加藤さんの進言を受け入れ、管理職を置いて、ガバナンスを効かせつつ現場に権限を委譲する階層型の組織に変更していきました。

階層型に変われば、役職に応じて賃金が変わる給与体系を整え、それに対応して人事評価制度もつくらなくてはいけません。

一寸房では上場の準備を始めるまで、給与や評価はすべて社長の裁量で決まっていました。設計という専門性の高い職業ゆえに、社員たちは職人気質。組織内で出世して自らのキャリアをつくっていくという意識は薄く、給与や評価の制度が整っていないことに対して不満が出ることはありませんでした。

しかし、上場をめざすならこれも整備が必要です。総務・人事の経験が豊富な加藤さんが中心になって新たな制度を構築していきました。

社員からの不満

上場申請に向けて、各種制度は急ピッチで整備されていきましたが、ネックになったのは、やはり運用です。

社員は会社が変化することを頭では受け入れていましたが、ふだんの行動を実際に変えるとなるとハードルが一段上がります。まさに「総論賛成、各論反対」で、具体的な制度は簡単には定着しませんでした。

前述の稟議や決裁がそうです。組織が階層型になる前は細かい上長決裁などはなく、詳細な購入内容も記載していませんでしたから、上場に向けて稟議の規程を厳格化したものの、「なぜこれ一つ買うのに、こんなに面倒なことをしなくてはいけないのか」と不満の声が上がりました。

ほかにも不満が出た規程はいくつかあります。

「休日出勤するのに申請しなくてはいけないのは面倒だ」

「現場で判断できるのに、なぜ上長に相談しなくてはいけないのか。スピードが落ちる。効率が悪い。いままでのほうがいい」

こうした声も上がって、早くも規程が形骸化するおそれが出てきたのです。

これらは上場をめざすときに必ず浮上する問題です。スピードだけ重視するなら、現場任せにしたほうが速い。しかし、ガバナンスが不十分な組織は外部から信用されません。上場するためには、多少スピードを犠牲にしても規程を徹底させる必要があります。

この問題をどのように乗り越えたのか。加藤さんは、「できるだけ社員に負担がかからない方法を探しつつ、粘り強く説明を続けるしかなかった」と明かします。

「規程が定着しないのは、なぜそれが必要なのか、それをすると何がどう変わるのかという説明が不足していることや、社員に『上場しても自分は得しない』という感覚があるからです。社員に当事者意識をもってもらうために、『みんなの給料を上げるには、給与の源泉である売上や利益を増やさなければいけない。上場は売上や利益を増やす有効な手段であり、上場基準を満たすには規程をきちんと守る必要がある』と、上山社長とともにことあるごとに伝えました。それを繰り返すことで納得し、いままで以上に協力してくれる社員が増えていきました」

上場プロセスで10名の社員が退社

残念ながら、こうした変化に対応できる社員ばかりではありませんでした。いままでどおりがいいと考えて退職を選択した社員もいます。上場のプロセスで、10人ほどの社員が去っていったといいます。

そのなかには、上山社長と一緒に一寸房を立ち上げた創業メンバーもいました。上山社長は次のように振り返ります。

「組織化を進めるなかで意識したのは、リーダーや管理職の姿勢です。リーダーの役目は下に命令することではなく、責任をとること。しかし、創業メンバーの一人にはそれを理解してもらえなかった。彼の振る舞いによって社員が委縮してしまったので、去ってもらうことを決心しました。ところが、それを言いに行こうと席を立っては『いや、言えない』とまた座る日々。なんといっても苦楽をともにした仲間ですから。決断してから引導を渡すまで1カ月くらいかかってしまいました」

仲間の離脱は、上場準備の過程では避けて通れない〝成長痛〟です。経営者には、その痛みを耐え抜く覚悟が求められます。

3　株式市場の選択
ＴＰＭは早く上場できる

他社の事業取得のチャンスが

じつは一寸房が上場準備を始めた当初は、上場する市場が定まっていませんでした。上場を考えたきっかけはＴＰＭの存在を知ったことですが、札幌証券取引所には新興企業向け市場であるアンビシャスがあります。東証のマザーズ同様、一般市場です。地元で信用度や知名度を高めたいなら、アンビシャス上場も有力な選択肢になります。

加藤さんは前職時代、「ＴＰＭに対してあまりいい印象を抱いていなかった」と告白します。

「当時、証券会社など外部から『一般投資家が市場で株を買えないのに、そこに上場する意味はありますか』などとネガティブな情報を聞いて、私もＴＰＭを一段下に見ていました」

上山社長も一般市場を優先して考えていました。加藤さんが一寸房に加わったときも、アンビシャスへの上場を念頭に置いて準備を進めていました。

では、なぜ途中で心変わりしたのか。

最大の理由は、上場までのスピードでした。

アンビシャスは東証の一般市場と同じく、監査期間が2期必要です。そのほかの準備や審査期間も含めると、上場承認まで3年以上かかります。

一方、TPMは監査期間が1期であり、最短で2年ほどで上場が可能です。その差は約1年ですが、成長中の会社にとっては無視できない長さです。

一寸房の場合、アンビシャスをめざすと、さらに上場申請が先送りになるというリスクがありました。

「ある企業から、『測量事業を譲渡したい』と打診されていたのです。証券会社からは、『事業を買収するなら、買収後にあらためて上場基準を満たしているのかどうか確認しなければならず、さらに時間が必要になる』と指摘されました。証券会社の指摘はもっともですが、会社の成長を考えると、事業買収のチャンスは逃したくないし、上場も先送りしたくない。この時点で、アンビシャスへの上場は難しいと感じました」

最終的には上山社長が、「この両方を実現するため、そして4桁の証券コードを手に入れて早く上場の効果を享受したい」とTPMへの上場を決断しました。J－Adviserと契約を結んだあとは、ほぼスケジュールどおりに上場準備が進んでいきました。

測量事業の買収は、TPM上場の準備をする過程で決まり、測量調査・設計を行う株式会社一寸房コンサルとして子会社化しました。上場時には会社設立から1年が経過し、社員数は30人に達して、グループの業績に貢献しています。

J－Adviserがヘルメット役になった

上場する市場をTPMに定めたのち、順調に準備が進んだ理由として、加藤さんはJ－Adviserの存在をあげます。

「アンビシャスへの上場をめざしていたころは、主幹事となる証券会社が面倒を見てくれました。証券会社は、課題や指摘に対応できるのかできないのかをドライに審査してきます。そのため、こちらからの相談も慎重にならざるを得ませんでした。それに比べてJ－Adviserは、社長や私の性格、会社の置かれた状況などを理解したうえで、『では、こういうやり方はどうですか』と提案してくれました。年の近い兄貴が一緒に走ってくれたという印象です」

J－Ａｄｖｉｓｅｒの存在に頼もしさを感じていたのは、上山社長も同様だったようです。上場審査のプロセスの一つに、東証による面談があります。一般市場への上場では、上場希望会社がこの面談を直接受けなくてはいけません。しかし、ＴＰＭでは上場希望会社ではなくＪ－Ａｄｖｉｓｅｒが面談を受けます。

「東証さんからの質問を私が直接受けていたら、ボロボロになっていたかもしれません。でも、Ｊ－Ａｄｖｉｓｅｒがヘルメット役になって守ってくれた。直接矢面に立つのではなく、間にワンクッション入るので、安心して上場申請に臨むことができました」

一寸房は、Ｊ－Ａｄｖｉｓｅｒである日本Ｍ＆Ａセンターのサポートを受けて２０２０年10月28日に無事上場。北海道に本社を置く会社として３社目のＴＰＭ上場でした。

上場セレモニーは、新型コロナの流行のために東証で行うことができず現地開催となりましたが、東京とオンラインでつないで東証の小沼泰之《こぬまやすゆき》専務から祝辞を受けました。

北海道の会場では、鈴木宗男参議院議員から「北海道のリーディングカンパニーになってください。私たちも応援します」と激励を受け、ほかにも、メインバンクである北洋銀行の副頭取、札幌証券取引所の理事など、北海道財界のキーマンが出席。地元からの熱い期待が伝わってくるセレモニーで、上山社長も喜びはひとしおだったといいます。

4 TPM上場の効果 会社の格が上がった

金融機関の態度がガラリと変わった

ＴＰＭ上場の効果は早くも表れています。

大きく変わったのは、対外的な信用力や知名度でした。

ＴＰＭ上場のニュースは、日本経済新聞に掲載されたほか、地元メディアにも数多く取り上げられました。また、上場によって帝国データバンクや東京商工リサーチの信用スコアもアップしました。それらによって信用力や知名度が向上して、一寸房にアプローチをしてくる企業が増えたのです。

上山社長は、会社の格が上がったことを肌で実感しています。

「いままでは取引先から〝下請け〟として見られることがほとんどでした。『安く仕事をしてね。そうでなければほかに頼むから』というスタンスです。しかし、上場したら下請けから〝パートナー〟へと扱いが変わって、向こうから『手を組みましょう』と言ってくれるようになりました。新規のお客様のところに行っても、名刺に書いてある4桁のコードを見て、丁寧に対応してくれるケースが増えた気がします」

4桁の証券コードの信用力は、海外でも期待できます。

一寸房は札幌本社や東京支店のほか、ミャンマーにも支店を開設して、現地で日本人社員4人、現地社員29名を雇用しています。今後も海外展開を視野に入れており、上山社長はコロナ禍前にロシアやモンゴルに視察に行っています。

「外国では東証のブランドが効くという情報を得ています。海外展開では国内以上に4桁のコードを活用できるのではないでしょうか」(上山社長)

一方、加藤さんは、金融機関の態度がガラリと変わったことに驚いていると言います。

一寸房本社が入るオフィスビルから徒歩1分のところに某地方銀行の支店があります。これまで一度も営業担当がやってきたことはありませんでしたが、上場して間もなく訪問を受けました。

「いままで存在を知らなかった。ぜひ融資させてくださいと言われました。財務基盤が変わったわけではないのに、上場しただけで金融機関からの評価がこんなに上がるのかとびっくりしました」

信用力や知名度が上がって反応が変わったのは、取引先や金融機関だけではありません。上場申請を発表してから、就職希望者が急増。求職者に対しても認知が広がりました。先に、上場準備を進める過程で約10名が会社を離れたという話をしましたが、「今期の予定採用数は上半期で達成してしまった。現在、さらに採用を増やせないか検討中です」（加藤さん）というように、人が抜けた穴もすぐに埋まりそうです。

成長に向けて社内体制が整った

対外的な信用力や知名度は、上場をきっかけに一気に向上しました。では、社内的にはどんな効果があったのでしょうか。

社内の変化は、上場準備の段階から徐々に起きていました。上山社長が如実に感じていたのは、社内における自分自身の信用度の高まりです。

「創業当初から社員に向けて『個人として成長してください』『私も自分が成長したくてこの会社をつくった』『個が成長すると会社も成長する』と言い続けてきました。以前はそれを聞き流していた社員もいました。私が上場を目標に掲げたときも、きっと大半は口先だけだと思っていたんじゃないでしょうか。しかし、上場準備を進めていくうちに、『社長は本気だ』とみんな気づき始めました。私の言葉を真剣に受け止めてくれるようになって、経営がしやすくなりました」

上場基準を満たすためにつくったルールや制度も機能し始めています。

ルールや制度の定着は、内部統制の強化や組織経営の実現に寄与します。新たにつくったルールや制度が多いので一つひとつは解説できませんが、一例として、予算実績の管理や案件の進捗管理をあげておきましょう。

かつての一寸房は、上山社長の方針で社員に予算の目標値をもたせませんでした。会社が予算をつくり、それを社員に割り振って縛りつけるのではなく、社員一人ひとりが頑張って、結果的に会社全体として達成できればいいという考え方で経営していたからです。

しかし、上場会社になれば計画的な経営が求められます。そこで経営数字を社員にオープンにして、予算にコミットしてもらうスタイルに方針転換しました。予算を達成するためには、案件の進捗管理も必要です。いままでアバウトでやっていたものをきちんと「見える化」して、先手を打ってコントロールしていく手法に変えたわけです。

上場前の2020年7月期、同社の売上は9億7100万円、営業利益3000万円、経常利益1400万円でした。上場初年度の21年7月期は、売上高12億6600万円、営業利益6200万円、経常利益6400万円の増収増益を計画しました。

コロナ禍という不確定要素がありますが、加藤さんは「目星はつくのではないか」と自信を見せます。明るい展望を描くのは楽天家だからではありません。予実管理や進捗管理ができる体制が整ったからこそ、数字に基づいて未来を語れるようになったのです。

5 スター企業として一般市場への上場が視野に入った

社員のやる気を高める

ＴＰＭ上場は、上山社長にとってゴールではありません。上場は、あくまでも自分や社員、会社を成長させるツールの一つ。成長にさらにドライブをかけるために、マザーズやＪＡＳＤＡＱへの上場も視野に入れています。

「一般市場に上場するには、もっと付加価値の高い会社、要するに利益を出せる会社になる必要があります。利益を出すには物件の精査を一段と強化し、速く動ける体制をつくっていかなければなりません。また、社員が『上場はいいものだ』と感じて協力してくれないと、一般市場への上場は狙いにくい。社員にそう感じてもらうため、まずＴＰＭ上場の効果をしっかり出して、社員に還元していきたい」

管理部門を統括している加藤さんの頭の中にも、一般市場上場へのイメージができつつあります。

「いきなり一般市場に上場していたら、情報開示などどうしていいのかわからずに、大海原に一人で投げ出されたような心細い気持ちになっていたでしょう。しかし、TPMならJ－Adviserが上場後も育ててくれます。実際、日本M&Aセンターさんには2日に一度は連絡して、『これは情報開示したほうがいいのか』『どのような書き方で開示すればいいのか』と相談しています。TPMで上場後の運用経験を積むことで、一般市場に上場してもやっていける自信がついてきました」

TPMは一寸房にとって通過点かもしれません。ただ、社員のモチベーションや経験値を高めるという意味で、とても重要な通過点といえるでしょう。

地域でお金と仕事を回す

上場企業となり、そのメリットを享受することで地方創生にも弾みがつきます。

一寸房の長年の目標の一つが、関西に拠点をもつことでした。主要な取引先である大手ハウスメーカーの本社が大阪にあり、西日本の案件を手がけることもあるからです。

関西進出は北海道経済と無関係に思えますが、最初に解説したように、一寸房は本州の案件を受託して北海道にお金を呼び込むビジネスモデルです。力をつけて関西に拠点を置けば、北海道経済にプラスになります。

それに加えて、地域の案件を請けて地域でお金を回すことにも力を入れていく予定です。

「これまで北海道の大きな案件は、本州の会社にもっていかれることが多かった。私たちがもっと信用力や知名度を高めていけば、雇用を増やしてより大きな案件を請けられるようになるはずです。もちろん私たちだけではできないから、地域の仲間に手伝ってもらいます。そうやって地域で仕事とお金が回るようにしていきたい」

上山社長は熱くこう語ります。このような志をもつ会社が各地で上場を果たせば、地方経済は元気を取り戻すに違いありません。

第 4 章

TPM上場の事例〈2〉
株式会社エージェント
（総合人材サービス業）

経営理念を追求しながら会社を成長させるために

1

オーナーシップの維持
上場後も理念を追い求める経営を続けたい

「世の中を変える力」になりたい

新型コロナウイルスの感染拡大を受けた緊急事態宣言下の2020年4月28日、日本中が息をひそめるなかでTPM上場を果たした会社があります。総合人材サービス業を展開する株式会社エージェントです。

創業者の四宮浩二《しのみやこうじ》社長は「次代を創る」という志を果たすためにオーナーシップを維持したままの上場を選択しました。いわば「理念追求型」の上場です。

一般市場の上場では、上場基準を満たすために否が応でも株主数は増え、顔の見えない株主の流入は免れません。そして、株主は、必ずしも経営者のめざす道に共感してくれる人ばかりではありません。「上場後も自分の理念に基づいた経営を続けたい」と考える経営者にとって、TPMへの上場を決断したエージェントのケースは参考になる点が多いと思います。

そもそも四宮社長はどのような思いで起業したのか。そこから紐解いていきましょう。

四宮社長は１９７９年、神奈川県横浜市に、江戸時代から続く医師の家系の次男として生まれました。転機は大学時代。四宮社長はこう語ります。

「20歳のころ、『自分が生まれた理由』を考えるようになりました。あるとき、こういったテーマを考えられること自体、自分は恵まれていて、その環境は先人たちの努力によって築かれていることに気づきました。そのままもらいっぱなしではいけない。よりよい社会を次代のために創ることこそ、自分が生まれた理由なのではないかと思ったのです」

よりよい社会といっても、人が思い浮かべる理想の社会像はそれぞれ異なります。そこで四宮社長は発想を転換して、人が困っていることを解決することで、よりよい社会に近づけていくことを考えました。

大学時代に起こした具体的なアクションは、カンボジアへの小学校寄贈プロジェクト。カンボジアはポル・ポト政権による大虐殺で、学校の先生や弁護士などのインテリ層が多数殺されました。その影響で教育が荒廃したため、当時、世界の多くのＮＧＯがカンボジアに学校を建てるための活動をしていました。

エージェントの会社概要

会社名	株式会社エージェント
代表者	四宮浩二
ミッション	次代を創る
本社所在地	東京都渋谷区
事業内容	総合人材サービス業
設立年	2004年
TPM上場日	2020年4月28日
資本金	5000万円
売上高	25億6000万円
従業員数	274名（契約社員含む）

＊売上高、従業員数はTPM上場直前の2020年1月期

四宮社長もイベントを通して全国の学生から寄付金を募り、カンボジア政府に寄付をするプロジェクトを起こしたのです。

「この活動を経て二つのことに気づきました。一つは、人創りはプライスレスだということ。寄贈した小学校に通う子どもたちと話したら、『僕はカンボジアの将来のために頑張る』とキラキラした表情で言ってくれて、人を創ることが次代を創ることなのだと感じました。もう一つは、非営利では活動が続かないことです。

活動中、カンボジア側から『必要なのは学校だけじゃない。電気や水など、校舎のインフラ設備も必要』という声をよく聞きました。しかし、ボランティアでは限界がありま

す。人々の『困った』を継続的に解決するには、事業を興して利益を出しながらやっていかねばならないとわかりました」

こうして、在学中の2004年4月16日に立ち上げたのが、有限会社エージェントです。4月16日は、札幌農学校（現・北海道大学）のクラーク博士が「Boys be ambitious」（少年よ、大志を抱け）という有名な言葉を残した日だとか。思いにこだわる四宮社長らしい創業日です。

社名にも思いを込めました。「エージェントには『代理人』だけではなく、『世の中を変える力』という意味もあります。私自身が誰かを応援しつつ、問題解決していく力になろうと考えて決めました」と熱く語ります。

40人いた社員の39人が退社

エージェントの創業当初の主力は、営業領域の人材派遣サービスで、とくに引き合いが多かったのは金融機関でした。

創業から2年後には株式会社に改組して、3年目には売上が3・7億円に達しました。しかし、金融商品取引法の改正の影響を受けて金融機関が販促活動を停止。そのあおりを受けて売上は半分以下に落ち込み、一時は40人いた社員のうち39人が辞めて、借金も2億円まで膨らんだといいます。

そこから我慢の経営を重ねて、3年目の売上を上回るレベルまで回復できたのは創業10年目。その後は順調に推移し、上場前まで9期連続の増収を続けました。

事業は営業領域の人材派遣にとどまらずに、総合人材サービスへと成長。内容は、大きく分けて三つです。営業とIT領域に特化したアウトソーシングや人材派遣サービスを行う「プロダクション事業」、未経験者や外国人などに対して、就職に必要なエンジニアリングや語学の教育を行ったうえで企業とのマッチングをする「キャリア事業」、個人事業主やフリーランスを活用した代行サービスでビジネス課題を解決する「パートナー事業」です。

TPM上場直前（2020年1月期）の企業規模は、社員数が274人、事業所が全国8拠点、売上高25・6億円といった状況でした。

2 上場の理由 後継者にバトンを渡すために

個人の連帯保証を外す

四宮社長は、なぜ会社を上場させようと考えたのか。

最大の理由は、サステイナビリティ（持続可能な経営）でした。

エージェントは四宮社長のワンオーナーです。上場を検討したときはまだ38歳。健康状態も良好で、そのまま第一線で長く経営の指揮をとることができます。しかし、不慮の事故や病気で万が一のことが起こらないとは限りません。万が一のことが起きた場合に会社を継続させるには、会社を人に引き継げる体制にしておかなくてはいけない。そのために上場の検討を始めました。

もちろん、上場しなくても会社を人に引き継ぐことはできます。しかし、連帯保証がネックになります。中小企業の場合、金融機関からの借入に社長の連帯保証をつけるケースが少なくありません。

「私は自分のつくった会社なので、連帯保証が必要だと言われても納得できます。しかし、連帯保証がついたままで、会社を引き継いでくれる人がはたしているのか。スムーズにバトンタッチするには、上場して個人の連帯保証を外したほうがいいと考えました」

現在も株式は四宮社長がほぼ100%保有していますが、ワンオーナーであることにこだわってはいません。理想は、社員が会社のオーナーになること。

「社員持株会を設計しようと検討したことがあります。未上場でも社員持株会の設立は可能ですが、上場株にならないと税制の優遇がない部分もあり、また資産価値を担保するには上場しないと意味がないことがわかりました」

事業戦略上も上場は有力な選択肢だったと言います。

「エージェントは、ずっと金融機関からの借入によって資金を調達してきました。しかし、事業を拡大していくなかで、将来は株式発行による資金調達を行う選択もあり得ます。将来に向けて事業戦略のオプションを用意しておくという意味で、いまのうちに上場しておきたかったのです」

上場は会社の継続性を高め、事業規模を拡大させるための準備にもなる。それらのメリットがあることを知って、上場に気持ちが傾きました。

比較的容易に上場廃止もできる

ただ、魅力を感じる一方で、業績をオープンにする必要が生じるなど、上場にはデメリットもあると感じていました。とくに大きかったのは、上場しても理念をきちんと追求できるのかという懸念です。

「上場すると会社は公的な存在になり、外部株主が入ってきます。すると外部株主が気になって、『今期の利益はどうなのか』『もう少し利益を出さなくてはいけないのではないか』といった近視眼的なところに意識を奪われて、私たちが追求すべきことから目が逸れる気がしました。この不安を解消できないかぎり上場は無理だろうなと」

上場のメリットを享受しつつ、外部株主が入ってこない方法はないか。そう模索していたときに知ったのがＴＰＭの存在でした。

「ＴＰＭは流動性規制がなく、顔の見えない株主が入ってきにくいので、上場しても自分たちが実現したい方向に会社を経営することができます。それでいて公的な会社だと認めてもらえます。これなら理念追求型の経営ができると判断して、ＴＰＭへの上場をめざすことにしました」

迷っていた四宮社長の背中を最後に押した材料はほかにもあります。一つは、上場廃止のしやすさ。

一般市場では、外部株主による敵対的買収が行われるリスクがあります。それを防ぐ手段の一つがＭＢＯ（Management Buyout）です。経営陣が自社の株式を公開買付けして上場を廃止する手法ですが、これには時間やお金がかかり、簡単にできるわけではありません。

「しかし、ＴＰＭは、『上場は会社の性質に合っていなかったからやめます』といった理由でも上場を廃止することが可能です。いつでも引き返せるなら、とりあえずいけるところまでいってみようと思いました」

上場すれば事業が成長するという確信を得たことも大きかったといいます。

「私一人で事業を成長させ続けるのは無理です。上場をめざせば、社員は足並みを揃えて同じ方向を向いてくれます。知り合いにマザーズに上場した会社があるのですが、その会社では上場をめざした途端に社員のモチベーションのスイッチが入った。それを見て、上場が事業の成長を促すという確信が得られたので、最終的に上場準備への着手にゴーサインを出しました」

3 上場の準備・申請 緊急事態宣言下で上場を果たす

社長のプライベートも見直す

エージェントがJ－Adviserと契約を結んで、本格的に上場の準備を始めたのは2018年6月です。当時の感想を四宮社長はこう語ります。

「けっして簡単ではなかったですね。規程がなかったところは新たに規程をつくるのですが、J－Adviserから『規程が現実に即していない』と指摘を受けた点も多かった。社外取締役や監査役の方々にも入っていただき、外部の視点を入れながら社内体制を整備していきました」

社外取締役や監査役と意見が合わずに議論が平行線をたどったこともあるといいます。

「実際には何もしない名ばかりの社外取締役や監査役では、上場審査をパスできません。そのため経歴も含めて申し分ない方に来ていただいたのですが、しっかりした方だけに要求水準も高く、おかげで経営の至らない部分が鍛えられました。社外取締役や監査役は、外部の目で厳しくチェックしながらも、私たちの会社を愛してくれて、会社の実態を理解したうえで判断ができる方が好ましいと感じています」

経営者として苦労したのは、公私の区別を明確につけることだったといいます。一般的にオーナー企業では、自宅を社宅として活用したり、営業車をマイカーとして使ったりするなど、節税効果が得られるように財務的・経理的なコントロールをするケースが少なくないと思います。しかし、それが許されるのは未上場だからです。

税務上の問題はなくても、上場企業になれば経営者が企業を私物化していると疑われるような状況は解消しなくてはいけません。エージェントも、公私をきちんと分離するために、会社の経理だけでなく四宮社長の自宅の会社契約などプライベートな部分も含めて見直す必要があり、そこには手間がかかったといいます。ただ、この整理や見直しは後継者にバトンを渡すための準備にもなります。

コロナ禍で売上が急落

上場準備ができて、東証に申請をしたのは2020年3月25日でした。

あとは承認が下りるのを待つだけ——。そう肩の荷を下ろしたところにやってきたのがコロナ禍でした。取引先企業が活動を縮小すれば、人材サービスを提供する同社の業績は直撃を受けます。

「新型コロナウイルスの感染拡大とともに売上が急落しました。そのまま経済活動が回復しなければ赤字になる。その状況で上場していいのかと、最後の最後でまた迷いが生じました。でも、社員のほうから『こんな状況だからこそ明るい話題をみんなに提供しましょう』という声が上がって決心がついた。社員から上場を期待する声がなかったら、土壇場でひっくり返していたかもしれませんね」

無事に承認が下りたのは、緊急事態宣言が発出された翌日の4月8日でした。緊急事態宣言中でも、株式市場は開場しています。ただ、上場のセレモニーの開催は認められませんでした。鐘を鳴らすセレモニーは上場プロセスのクライマックスですが、それを東証で行うことはできなかったのです。

上場準備で多くの社員が頑張ってくれたのに、あの感動を味わえないのはかわいそうだ――そう考えた四宮社長は、わざわざ鐘をレンタルしてきて社内でささやかなパーティーを開きました。そのパーティーには、J－Ａｄｖｉｓｅｒを務める弊社からも社長の三宅など複数名がコロナ対策をしたうえで出席させていただきました。

人を集めて大々的にセレモニーを行うことはできませんでしたが、鐘を鳴らした四宮社長や社員のみなさんの表情は、じつに晴れ晴れとしていました。ＴＰＭはマザーズなどの一般市場に比べて上場準備の負担は小さいのですが、それでもけっして平坦な道のりではありません。その苦労が報われた瞬間でした。

4 上場のメリット　周囲の見る目が大きく変わった

上場した途端にネット検索で上位に

ＴＰＭに上場したことで大きく変わったのは、周囲の同社を見る目でした。具体的に効果が大きかったのは営業の場面です。ＴＰＭに上場すれば、ＪＰＸのロゴマークを利用できるようになります。それを名刺に印刷したところ、初対面のお客様からも信頼を得られるようになりました。

「以前は認知度が低く、社名を告げても『おたく、どんな会社？』と返ってくることがほとんどでした。そのためお客様にサービスの提案をする前に、まずは会社自体のプレゼンを一生懸命しなければなりませんでした。もちろんいまもわが社をご存じないお客様のほうが多いですよ。しかし、いまはＪＰＸのロゴを見て、『上場しているんだ。それなら、おかしな会社じゃないね』と安心してくださるお客様が増えました。会社説明を頭からしなくても話を聞いてもらえるようになったのは大きいですね」

四宮社長自身もその効果を実感しています。これまでは初対面の人に信頼してもらうために、自分のキャリアや実績を語ってアピールする必要がありました。しかし、いまは最初から「上場会社の社長さん」として見てもらえるので、いきなり思いを語っても受け止めてもらえるようになったといいます。

認知してくれるようになったのは、生身の人だけではありません。グーグルの検索アルゴリズムもエージェントを上場会社として認識してくれるようになったのです。

ネット時代には、検索結果で自社のサイトを上位に表示させるSEO対策が必須ですが、中小企業は大手に比べて検索結果の上位に表示されにくいという悩みがあります。エージェントも、その悩みは同じでした。少しでもユーザーの目に触れる機会を増やすために、SEO対策だけでなくリスティング広告（検索ワードに連動して表示される広告）も積極的に利用していました。

その状況が上場で一変しました。ネット利用者が「人材派遣」や「人材サービス」などのワードで検索したとき、エージェントの運営サイトが上位に表示されるようになったのです。

「あるサイトは、競争の激しい検索キーワードで1位表示されるようになりました。リスティング広告であればワンクリック4000円の費用がかかりますが、上位に表示されるならそこにお金をかけなくてもいい。日本M&Aセンターの三宅社長は『TPMへの上場コストでブランドが買えるなら安いもの』と話していましたが、自社サイトのSEO効果だけで元がとれそうな勢いです」

IPO創業者の会で人脈が一気に広がった

サイトが人の目に触れる機会が増えたことで出会いも増えています。まず会社としては取引先から声をかけられる機会が増えました。たんに取引に関するアプローチだけでなく、M&Aの引き合いもあるといいます。

「よくわからない会社に譲渡するより、上場会社に譲渡したほうが社員に説明しやすいと考える経営者の方が多いようです」と四宮社長は反応の大きさに驚いた様子です。

採用面でも、上場後は応募率が改善しました。

さらに、四宮社長個人の出会いも増えました。

「IPO（新規上場）をした創業者の会があって、上場後にご招待いただきました。上場を果たした創業者たちのコミュニティにはこれまで私が経験したことのない世界観が広がっていて、非常に勉強になります。そうしたつながりからネットや書籍では得られない有益な情報を入手できることもあって、ビジネス面でも助かっています」

新たなステージに上がったことで、四宮社長の考え方にも変化が訪れました。

そもそも上場した目的は、企業のサステイナビリティ（持続可能性）を高めることでした。オーナーシップが損なわれることを懸念してTPMを選んだくらいですから、自己保有の株式を売り出して利益を得るつもりは毛頭なく、企業価値を高めて時価総額を増やす発想もありませんでした。

上場後も、株式を売り出して財産を築くことは考えていません。しかし、意識には次のような変化が起こりました。

「将来、社員持株会をつくったとしたら、時価総額を増やすことで社員の資産活用・資産運用が有利になります。いままでそうした発想がなく、ユニコーン企業は時価総額が1000億円以上あるとか、その上にはペガサス企業があると聞いても、どこか他人事でした。しかし上場したら、時価総額という言葉を意識するようになりました。具体的な目標はまだ掲げていませんが、少なくとも時価総額を維持する経営を心がけないといけない。そのような意識が芽生えたのは、自分のなかでの大きな変化でした」

5 ＴＰＭ上場後 三つの目標を掲げて達成をめざす

リスク判断が慎重になった

エージェントが実感する上場メリットは多岐にわたりますが、一方でデメリットはなかったのでしょうか。四宮社長に本音を明かしてもらいました。

「リスクテイクが慎重になりましたね。これまでは経営上のリスクをとりにいって失敗してもすべて自己責任で、もちろん自分では『失敗したな』と反省しますが、外からそれを批判されることはありませんでした。

しかし、上場後は決算を開示する必要があり、赤字を出すと、『あの社長は何をやっているのか』『あの会社は危ない』と批判されかねない。ネガティブな評価はお客様や取引先に不安を与えて、経営や事業にマイナスに働くおそれもあります。そのことを考えると、リスクの高い挑戦はちょっとやりづらくなるかもしれません」

ＴＰＭはオーナーシップを維持したままの上場が可能で、四宮社長もほぼすべての株式を保有しています。つまり外部株主からの圧力はない状態です。それでも決算を開示するとなると、周囲の目を意識しないではいられないと言います。

開示したくない社内情報もあります。

「上場すると一定のルールに基づいて社内の情報を開示しなければいけません。そのなかには正直、競合に知られたくないものもある。以前は秘密裏に進められたことを明かさなくてはいけなくなったことがハンデになる可能性もあります」

社内体制については、人材についての不安があると言います。

IPOには社員一丸となって取り組みましたが、そのなかでも重要な役割を果たしたキーマンが何人かいました。不安は、それらのキーマンが優秀すぎることだと、冗談めかしつつ語ります。

「IPO人材は貴重であり、いまは上場をめざす企業の間で取り合いになっている状況です。わが社にいるIPO人材も、いつどこに引き抜かれるかわかりません。もちろんそうならないように社内環境を整えることが大切ですが、万が一キーマンが抜けたとしても、いまの体制を維持できるよう仕組み化する必要があります。仕組み化は上場で得られるメリットの一つですが、わが社はまだ1年目ということもあって完全ではありません。『いま抜けられたらどうしよう。上場を維持できなくなるのではないか』という不安は当面拭えないですね」

この問題については、J-Adviserの責任も重大です。上場して終わりではなく、その後も適切なサポートをしていくことがJ-Adviserに課せられた役割です。四宮社長は、J-Adviserに寄せる期待を次のように明かしてくれました。

「J-Adviserは審査の役割も担っていますが、イエスorノーの判断だけを下されると、私たちは迷子になってしまう。その点、日本M&Aセンターさんは上場準備の段階から一緒になって盛り上げようという姿勢で指導してくれました。引き続き、パートナーとしてバックアップしてもらいたい」

経営の柔軟性や体制維持についての不安を包み隠さずに語る四宮社長。ただ、デメリットや不安があっても、「やはりメリットが上回る」と断言します。

「強調したいのは、TPMでも、マザーズやJASDAQ、東証一部、二部と変わらない上場効果が得られることですね。お客様や取引先が気にするのは、東証に上場しているかどうか。上場先の市場がどこなのかについては関心が薄く、そもそも違いをご存じない方も多い。実際、ガバナンス（企業統治）がしっかりしていて、コンプライアンス（法令遵守）を重視しているという点は、どの市場でも変わりません。

私たちが上場にかけたコストは、トータルで約3000万円でした。マザーズなら倍以上のお金がかかっていたはず。低コストでさまざまな上場効果を得られるので、その点でもTPM上場のメリットは大きい」

「売上1000億円までは見えている」

TPM上場によってエージェントは確実に進化を遂げました。

上場初年度である今期は新型コロナウイルス感染症の流行の影響が大きく、初の決算開示となった中間決算で通期の減収減益予想を発表しました。しかし、もし上場の効果がなければ、もっと厳しい決算になっていたはずです。

まずはコロナ禍を乗り切ることが第一ですが、四宮社長は早くもその先を見ています。エージェントが、2024年度を最終年度とした中期経営計画で発表した目標は三つあります。

一つ目はメンバーのブランディング。

同社の事業に所属する人材のブランディングページをつくって、一人ひとりがもっているタレント（技能やスキル）をＰＲします。芸能事務所のように、所属するメンバーを一人ひとりプロとして訴求し、その人に合った仕事をマッチングするための施策です。

二つ目は、社会の「困った」を解決していく問題解決事業を10種類確立し、経営の健全性（ポートフォリオ構築）とソーシャルベンチャーとしてのブランディングをつくり上げること。

その目標達成のためには既存事業に加えて、新規事業の立ち上げが必須です。外部株主が多ければコロナ禍のもと守りに入ることを求められるかもしれませんが、四宮社長はオーナーシップを維持したまま会社を上場させたので、新規事業に果敢に挑戦できます。

三つ目の目標は、厚生労働省の「グッドキャリア企業アワード」を受賞すること。

グッドキャリア企業アワードは、従業員の自律的なキャリア形成支援について他の模範となる取組みを行っている企業に贈られる賞です。同社は「人創り」を掲げており、それに向かって社内の仕組みを整えていけば、おのずと受賞に近づけると考えています。

これらの目標を達成すれば、結果として事業の成長も伴ってくるでしょう。四宮社長は「売上高１０００億円までは見えています」と力強く語ります。

「ＴＰＭには、いつでも上場をやめられるメリットがありますが、逆に一歩踏み込んでマザーズに上場することも可能です。このままオーナーシップを維持するのか、それとも一般市場にいくのか。それはまだ決めていませんが、ＴＰＭ上場でオプションが広がったことはたしかです。まずはどちらにもいけるこのポジションで成長をめざします」

エージェントは上場を機にどこまで成長を加速させるのか。大きな可能性を感じさせる上場企業です。

第 5 章

ＴＰＭ上場の事例〈３〉
株式会社global bridge HOLDINGS
（保育所・介護施設の運営、ＩＣＴシステムの開発）

ＴＰＭで急成長を果たし、2年後にマザーズ上場を達成

1　上場の目的　マザーズの前提としてTPMに上場

マザーズ上場の前に売上を増やしたい

2019年12月、保育、介護、ICT事業を展開する株式会社ｇｌｏｂａｌ ｂｒｉｄｇｅ ＨＯＬＤＩＮＧＳ（グローバルブリッヂＨＤ）がＴＰＭから市場の変更を行い、新たなステージに突入しました。新しい舞台は一般市場のマザーズです。

マザーズに上場すれば信用力がさらに高まり、より多くの資金調達が容易になります。実際、同社は市場の変更直後の翌年1月に、みずほ証券を割当先とした第三者割当増資を行い、この資金調達によって保育施設の開設資金を確保しました。

マザーズに上場するには、少なくも株式の25％を流通させる必要があります。売上の規模が少ない段階では株式の評価が低く、25％を手放しても多くの売却益を得ることは難しいので、マザーズに上場させるなら、できるだけ売上や利益を増やしたあとのほうが得です。ただ、増やすといっても、認知度や信用力が低い未上場のままでは思うようにいかないことも多いでしょう。

上場の前に売上をできるだけ増やしたい。売上を増やすには上場が効果的――。このジレンマに、グローバルブリッヂHDを率いる貞松成《さだまつじょう》社長も陥っていました。

同社は保育事業で認可保育園を運営しています。認可保育園は安定した収益が見込め、投資をして数を増やせばほぼ確実に売上が伸びます。ただ、未上場では資金調達が難しく、ゆっくりとしたペースでしか投資ができません。マザーズ上場を前に会社をもっと成長させておきたいが、未上場のままでは、上場してもいいと思える規模に成長するまで時間がかかってしまう。

そこで貞松社長が選んだのが、TPMへの上場でした。

TPM上場で成長が加速

グローバルブリッヂHDがTPMへの上場を果たしたのは、2017年10月でした。これをきっかけに成長が加速しました。

約2年で売上は倍に（17年の25・9億円が19年に59億円）。一般市場に上場して十分な株式売却益が得られる規模へと短期間で成長を果たし、マザーズに上場しました。

グローバルブリッヂホールディングスの会社概要

会社名	株式会社global bridge HOLDINGS
代表者	貞松 成
企業理念	夢に向かって成長しつづけよう
本社所在地	東京都墨田区
事業内容	保育所の経営、介護施設の経営、ICTシステムの開発など
設立年	2015年（創業2007年）
TPM上場日	2017年10月17日
資本金	3億900万1000円
売上高	59億円
従業員数	1100名

＊売上高、従業員数は2019年、資本金は2020年3月31日時点

グローバルブリッヂＨＤのように、最初から一般市場への上場を前提にして、その通過点としてＴＰＭに上場するのは、「ステップアップ型」の上場と呼んでいいでしょう。

貞松社長はさらに将来、東証一部に市場を変更することを目標にしています。現在のマザーズも通過点であり、さらに一段上がるために事業の拡大を図っているところです。ＴＰＭは、東証一部へと続く長い階段のファーストステップという位置づけです。

ファーストステップとしてのＴＰＭ上場にはどのような効果があったのか。そして次のステップであるマザーズに上がって、見える風景はどのように変わったのか。貞松社長に生の声を聞いてみました。

2 TPMを選んだ理由 事業拡大に必要な「信用力」を得る

人口問題を解決する事業に着目

貞松社長の実家は看板業を営んでいました。自営業の両親の背中を見て育ったので、最初から「仕事は自分でやるもの。会社員になるつもりはなかった」と言います。

子どものころは漠然と家業を継ぐものだと考えていたそうです。人生計画に狂いが生じたのは高校生のころです。父親の経営する会社が倒産したため、自分でゼロから起業することを余儀なくされました。

いったいどんな事業で身を立てるべきか。10代の貞松社長が思い浮かべたのは、「社会の役に立つ事業」でした。

「もともとは環境問題に関心がありましたが、人口問題に興味が移りました。当時は介護保険が成立したばかりで、保育関係でも待機児童という言葉がようやく社会に浸透し始めたころでした。社会から必要とされる事業は、将来、市場が大きくなります。今後、必要とされるのは少子高齢化という日本の人口問題を解決する事業だと直感して、保育や介護の分野で起業することを志しました」

貞松社長は、まず開業資金を貯めるために大手飲食店に就職しました。会社の先輩が独立するときに、その開業を手伝って５００万円を貯めて、２００７年、25歳のときに株式会社グローバルブリッヂを設立。千葉県千葉市のビルの一室に「あい・あい保育園 幕張園」を開園して、認可保育園事業を展開していきます。

さらに08年に千葉県鎌ケ谷市にデイサービス「やすらぎ家 鎌ヶ谷亭」を開設して、介護事業に進出しました。

11年にはＩＣＴ事業にも進出し、保育用品専門販売サイトの運営や、自社開発した保育園運営管理システムの販売を開始。上場を考え始めた13年の段階では、保育事業が9施設、介護事業が2施設にまで成長していました。

もともと需要に供給が追いついていない業界でしたが、起業から順調に成長した理由はそれだけではありません。背景には的確なターゲティングがありました。

「ターゲットにしていたのは共働き世帯です。欧米では共働き世帯が約8割で、日本もいずれその水準になることは明白です。そこで、共働き世帯が買うような３０００万～

5000万円の分譲マンションがたくさん立つ地域を中心に開園しました。共働き世帯に合わせたデザインも意識しました。保育業界は地域に園を集中させるドミナント戦略が効果的なので、千葉を中心に展開していきました」

「信用力不足」がネックだった

事業は目論見どおりに拡大していきましたが、課題もありました。

待機児童の解消に貢献するためにはさらに保育園を増やす必要がありますが、当時の同社では年に1~2園の開園が精一杯だったのです。

開園攻勢をかけるために足りないものは何か。貞松社長は「信用力」だと分析します。「保育園や介護施設は許認可事業であり、自治体から認可が下りないと始められません。規制緩和で株式会社にも認可が下りるようになっていたのですが、やはり社会福祉法人に比べると信用されにくい面がありました。未上場であればなおさらです。

地主さんからの信用も必要です。私たちは〝建て貸し〟といって、地主さんに建物を建てていただき、その建物を借りる形で施設を運営しています。地主さんは億単位で投資をして、10~20年という長期のスパンで回収するのですが、私たちの信用力が足りずに門前払いを食うことが少なくありませんでした」

もう一つ、金融機関からの信用も足りませんでした。金融機関からの借入には、貞松社長の個人保証が求められます。個人が背負えるリスクには限界がありますし、仮にこちらが背負いたいと言っても金融機関が簡単に融資してくれないことは、中小企業の経営者のみなさんならよくご存じでしょう。

自治体、地主、金融機関など、保育業界の重要なステークホルダー（利害関係者）から信用を得るには、株式上場が効果的です。貞松社長もそう判断して、２０１３年末から上場準備を始めました。

当初は、マザーズをめざすことを検討しました。しかし、当時の時価総額約10億円では資金調達のメリットが少ないと判断して、株式を流通させる必要のないＴＰＭを選びました。

「株式の25％を放出するといっても、時価総額１００億円まで会社を育ててから放出するのと、時価総額10億円の段階で放出するのでは、メリットがまったく違います。いきなりマザーズに上場すると安売りになる。それはもったいないと思ったのです」

3 TPM上場のメリット 2年間で売上が2・3倍に

意思決定プロセスが会社らしくなった

上場の準備を始めた2013年、グローバルブリッヂの売上高は5・1億円、社員数116人で、役員は1人でした。経営企画室のような組織は何もなく、すべて貞松社長自身が上場計画を立てて、準備を進めていきました。

まず取りかかったのは、社外取締役、監査役、監査法人の選任です。

「それまで取締役会もほとんど家業のような形でした。しかし上場準備を進めていくにつれて体制が整って、私が『こういう計画にしようと思います』と言うと、『世間一般ではこうです』と社外取締役や監査役から意見が返ってくるようになりました。意思決定プロセスが会社らしくなっていったのです」

同時に社内体制を整えて、役員を9人に増やしました。それまでは全事業を貞松社長が細かいところまで指揮していましたが、事業ごとに担当役員や担当部長を決めて権限委譲を図りました。

中身を整えただけではありません。15年にはホールディング制へと移行して、ICT事業を分社化しました。ホールディング制にすると、下にぶら下がる事業会社ではそれぞれに責任が明確になります。これは保育事業だけでなく、ほかの事業もきちんと育てていくという貞松社長の強い意思表示でしょう。

社内体制の整備や監査は計画どおりに進んで、グローバルブリッヂHDは17年10月に無事、TPMへの上場を果たしました。

上場時の売上は前述のとおり25・9億円で、上場準備を始めてから4年で5倍になっています。上場準備中に急成長を果たしたのです。貞松社長はこう振り返っています。

「私たちの場合、未上場会社のままでは、売上高20億~30億円、社員数600~700人くらいまでが限界でした。その先にいくには、やはり上場しかなかったと思います」

本格的に飛躍するための第一歩が、まさにTPM上場でした。

M&Aによって事業分野を拡大できた

実際に上場会社になって、何が変わったのでしょうか。

劇的に向上したのは信用力です。

「上場前も、けっしていい加減な会社ではありませんでした。ただ、それはあくまでも自己評価にすぎません。ＴＰＭ上場では、監査法人による監査証明もあるし、Ｊ‐Ａｄｖｉｓｅｒも上場に相応しい会社かどうかをチェックしてくれます。第三者の目が入ることが、社会的信用のエビデンスになるのです」

エビデンスの効果は絶大です。保育園の開園には自治体、地主、金融機関からの信用が欠かせないという話をしましたが、これらのステークホルダーの反応が好意的なものに変わりました。

「自治体の審査はとても楽になりました。上場前は財務内容について細かくチェックを受けなくてはいけませんでしたが、いまは『監査を通っています』ですみます。また、地主さんは大きくて安定した会社に建物を貸そうとします。名刺交換や会社案内に印刷されたＪＰＸのロゴや証券コードの信用力が非常に効いて、話を聞いてくださるようになりました」

金融機関からの信用力も向上しています。

銀行借入からは個人保証が外れました。また、信用力が高まって資金調達をしやすくなったことで、保育園の新設をより積極的に進められるようになりました。新規開園数は上場準備を始めてから年間7園、3園、5園というペースでしたが、上場翌年の2018年に開園した保育施設は12園、19年は13園と、10園を超えるハイペースになっています。

信用力の向上を実感した場面はほかにもあります。

介護事業の分野で2件のM&Aを行いました。東京でサービス付き高齢者住宅、大阪で有料老人ホームをそれぞれ1棟買収。介護事業は創業2年目から手がけていたものの、施設を運営するのは初めて。ほぼ新規参入と同じで、介護業界ではかなりの後発になります。しかし、ここでも上場していることが威力を発揮しました。

「東京も大阪も、事業者が事業承継で困っていて、引継ぎ先を探していました。もちろん、引き継ぐならどこでもいいというわけではありません。先方の社長は、『上場していて、担当者がいて、規則がある、きちんとした会社にスタッフと入居者をお任せしたい』とおっしゃっていました。最終的に私たちを選んでいただけたのも、上場して体制を整えていたからでしょう」

上場は価値ある投資だった

組織化を図った効果も出ています。従来は貞松社長がビジョンや方針を示して、自分でそれに沿った計画を立て、マネジャーとして管理して、ときにはプレイヤーとして現場で汗をかいていました。

しかし、上場準備の過程でそれぞれの事業に担当の役員や部長を置いたあとは、「私は方針を決めるだけ」（貞松社長）という状況に。事業ごとに予算を明確にして責任をもたせたことで、社内に予算達成への意識も出てきました。その結果、ＴＰＭ上場後の２年で売上は2・3倍に拡大しています。

「未上場会社と上場会社の違いは、計画を達成できるかどうかにあります。計画の達成に欠かせないのが、まず組織化でした。それに加えて、取締役会に出席した社外役員や監査役からアドバイスをもらえることもよかった。社内体制の強化と、社外の目。上場を通してこの二つが揃いました」

4 マザーズに上場 保育事業が県内最大手に成長

2年間で形式基準をクリア

グローバルブリッヂHDは、TPM上場で成長を加速させ、上場まもなくマザーズに向けて動き出しました。

「上場前は年間1億〜2億円の資金調達ができれば企業活動ができました。上場後は信用力が向上して借入額を増やすことができましたが、売上高100億円を超える事業にするのなら、20億〜30億円の資金調達が必要になります。その額を融資してもらうためには、マザーズに上場して企業価値や信用力をさらに一段高めなければなりませんでした」

もともとマザーズをめざしていたので、社内体制はTPM上場の時点でかなり整備が進んでいました。あとは時価総額などの形式基準を満たすだけ。TPM上場後に順調に成長した同社は2年でそれをクリアして、2019年12月にマザーズに上場しました。

市場の変更のときも、初めての上場のときと同じように東京証券取引所に設置された鐘を鳴らすセレモニーが行われます。知らせを聞いた関係者から会社にお祝いの花がたくさん届くのも同じです。ただ、届いた花の数は大幅に増えたと言います。

「ＴＰＭに上場したときには、地主さんや取引先のみなさんから胡蝶蘭をたくさんいただきました。マザーズに上場したら、そこに銀行や証券会社が加わって胡蝶蘭の数が倍になった。金融機関からも注目されるようになって、うれしいですね」

注目してくれるようになったのは金融機関ばかりではありません。マザーズ上場を機に求職者の反応も変わりました。

ＴＰＭ上場前は社員を募集しても、同じく未上場会社に勤めている人ばかりでした。ＴＰＭ上場後は、上場会社からの転職者が増えました。これだけでも大きな前進ですが、マザーズ上場後は、上場企業で経営幹部を務めていた人材が転職してくるようになったのです。マザーズの看板が採用力を強化したことは間違いありません。

一般投資家からの批判をプラスにとらえる

ＴＰＭからマザーズに市場を変更してもっとも大きく変わるのは、一般投資家が会社の株主に加わることです。ＴＰＭ時代の株主数は５社でしたが、マザーズ上場で一気に

1000人規模に増えました。

株主が増えることを嫌ってそのままTPMにとどまる経営者もいますが、貞松社長はどう受け止めたのでしょうか。

「ネットを見ていても、わが社の株を買って情報発信してくださる方が増えた実感があります。TPMのころも社外取締役や監査役から客観的な意見をもらえましたが、そこにはわが社を成長させようという善意の意図があります。そういう意味では一般投資家のみなさんのほうが、より客観的でシビアです。批判的思考が強化されるのはよいことです。さらに会社を成長させて、みなさんの期待に応えていきたいですね」

一般投資家からの評価にプレッシャーを感じつつも、それをプラスにして成長につなげていく。貞松社長の覚悟が垣間見えます。

東証一部をめざして

マザーズに上場して約1年。グローバルブリッヂHDは、保育事業が73施設、児童発達支援や放課後等デイサービスの施設が10施設、介護事業が2施設という規模に。保育事業に関しては千葉県で40施設を運営して、県内最大手になりました。

経営状況の変化（未上場→TPM→マザーズ）

	未上場 2013年 （直営店舗11、売上高5.1億円 社員数116名（役員1名））	TOKYO PRO Market 2017年 （直営店舗44、売上高25.9億円 社員数670名（役員9名））	マザーズ 2019年 （直営店舗57、売上高59億円 社員数1100名（役員9名））
資金調達	原則として銀行借入 借入の際は代表者連帯保証	おもに銀行借入だが、代表者の連帯保証が原則外れる	市場からの調達
人材採用	未上場企業からの転職者がメイン 総合職の新卒採用は難しい	上場企業からの転職者が増える 総合職の新卒採用が増える	上場企業幹部の転職が増加 新卒採用はTPM時と同じ
組織体系	社長が事業部長を兼ねる文鎮型組織。基本的に社長の意思が決定事項	社長は事業を管掌しない 意思決定には社外役員、監査役、監査法人が加わる	TPM時と意思決定プロセスに変化はないが、批判的思考が強化される

現在、売上の約9割は保育事業です。千葉以外に東京や大阪でもドミナント戦略で園を増やしており、「保育園はまだ足りない。このままいけば売上高100億～200億円はいける」と手ごたえをつかんでいます。

選択と集中で、同社の強みである保育事業に経営リソースを集中させる戦略もありますが、貞松社長が意識しているのはポートフォリオ経営です。

「時代によって吹く風は変わります。風向きが変わっても風をつかまえられるように、少なくても2～3本、できれば4～5本はマストを立てて帆を張っていたほうがいい。複数の事業を展開すれば、リスク分散になるだけでなくシナジーも狙えます。実際、わが社では保育園の上に介護施設をつくって土地を有効利用したり、ＩＣＴ事業では、直営施設で使用している保育園管理システムを外販したりするなど、各事業を包括的に動かすことでさまざまな相乗効果を生んでいます」

当面の目標は、東証一部の上場基準である時価総額２５０億円以上の突破です。以前は、マザーズから一部へ市場を変更する場合は時価総額40億円でよかったのですが、２０２０年11月から、最初から一部上場するときの基準である２５０億円に統一されました。

「次のステージにいくなら、介護やＩＣＴを保育と同じくらいの規模に育てていかなければいけない。この３本柱で、日本の社会福祉の課題を解決していきたい」

階段をのぼって次のステージにいくたびに、経営者の目の前に広がる風景は変わっていきます。これまで階段を一段ずつ着実にのぼり続けてきた貞松社長。一部上場を達成したときには、きっといままでに見たことのない風景に胸を躍らせているはずです。

第 6 章

東京証券取引所が描く「TPM」の未来像

インタビュー
東京証券取引所取締役専務執行役員
小沼泰之氏

TOKYO PRO Market（TPM）は、東京証券取引所（東証）が運営する市場です。ただ、現時点ではマザーズやJASDAQに比べて世間での認知度が低いため、東証とは直接の関係がない独立系の市場だと勘違いしている方も少なくないようです。

しかし、私たちはTPMこそが日本経済活性化の鍵を握る重要な市場だと考えています。上場企業の裾野を広げることが日本経済の底上げにつながるからです。

はたして、TPMを運営する東証は、一般にはまだ浸透していないこの市場をどのように位置づけて、将来どのように育てようとしているのでしょうか。東京証券取引所取締役専務執行役員の小沼泰之《こぬまやすゆき》氏に、TPMに対する考え方を聞きました。

TPMのなりたちと特徴

――TPMはロンドン証券取引所の「AIM」をモデルにしていますね。

ヨーロッパではフランスやドイツなど各国の取引所が新興市場の運営に取り組んでいま

すが、そのなかでもっとも成功しているのがロンドン証券取引所のＡＩＭ《エイム》といわれています。新興国で生まれた新しい会社の多くは、ロンドン証券取引所に上場しているようです。

ロンドン証券取引所には、もともと「Ｕｎｌｉｓｔｅｄ Ｓｅｃｕｒｉｔｉｅｓ Ｍａｒｋｅｔ」という未上場会社を３００社ほど集めた市場があり、ＡＩＭはそれをベースに開設されました。ＴＯＫＹＯ ＰＲＯ Ｍａｒｋｅｔ（ＴＰＭ）がゼロからのスタートだったのとは異なります。また、ＡＩＭはＴＰＭと違って一般投資家も参入できる市場です。ロンドン証券取引所は国際金融投資が活発で、もともと機関投資家が主体のマーケットですが、優遇税制の恩恵もあって、開設当初からＡＩＭは人気でした。

ＡＩＭの一番の特徴は、Ｎｏｍｉｎａｔｅｄ Ａｄｖｉｓｅｒｓ（Ｎｏｍａｄｓ《ノマド》）というアドバイザー制度でしょう。Ｎｏｍａｄｓは企業を開拓し、育て、大きくしていく役割を担います。東証ではＴＯＫＹＯ ＡＩＭ（ＴＰＭの前身）をつくるとき、当時ロンドンのＡＩＭに70社ほどあったＮｏｍａｄｓ各社にヒアリングを行いました。Ｎｏｍａｄｓには、証券会社だけでなく、会計事務所や弁護士事務所なども認定されています。企業の成長を支援する役割も求められているようですが、実際に経営指導やコンサルティング業務などを行っていたかどうかまではわかりませんでした。

ＴＰＭも、Ｎｏｍａｄｓにならってアドバイザー制度を採用し、Ｊ－Ａｄｖｉｓｅｒを発行体（上場企業）にとってのもっとも重要なパートナーとして位置づけています。

一般市場は東証が制度も含めて設計しますが、ＴＰＭがどんな市場になっていくかはＪ－Ａｄｖｉｓｅｒしだいです。たとえるなら、東証は縁日という場所を提供し、Ｊ－Ａｄｖｉｓｅｒ各社に屋台を出してもらうというイメージです。

現在も証券会社だけではなく、異なる強みをもった多様なＪ－Ａｄｖｉｓｅｒが揃っていますが、今後、地域に特化したＪ－Ａｄｖｉｓｅｒや、業種に特化したＪ－Ａｄｖｉｓｅｒ、ベンチャー特化型や海外企業特化型など、さまざまな特徴をもったＪ－Ａｄｖｉｓｅｒが出てくれば、ＴＰＭはさらに面白い市場になるのではないでしょうか。

――ＴＰＭは流動性の低さが指摘されています。

一般市場のように、株主数や流通株式数などの「流動性基準」を設定していないことが、売買頻度の低さにつながっている要因の一つなのかもしれません。

流動性の低さは、まだ日本で「特定投資家（プロ投資家）」が十分に根づいていないことも要因だと思います。ロンドンのＡＩＭには、リスクの高い企業を含めて本当にさまざまな企業が上場していて、それを受け入れる投資家たちがいます。そういう意味で、日本においても投資家を育てていく必要があると思っています。

そのためには投資したくなる上場会社の存在も重要です。もし、ＴＰＭに上場している会社の株式を買うとしたら、「面白い会社だから投資してみよう」と感じた富裕層や事業関係のある取引先になるでしょう。しかし現在は、証券会社がそれらの層を積極的に開拓する状況には至っていません。

おそらく証券会社からすれば、「ＴＰＭは参加している投資家が限定的で流動性が低く、市場魅力に乏しいので開拓する意味がない」ということなのでしょう。当初は証券会社が中心となって面白い会社を発掘して上場させて、投資家を呼び込むことを想定していましたが、現在はこの二つの機能が分断されてしまっています。

しかし、最近はＴＰＭに上場している会社も増え、ＴＰＭを経由してマザーズやＪＡＳＤＡＱに上場する会社も出てきたので、証券会社も少しずつ興味をもってきました。日本Ｍ＆Ａセンターさんがｊ－Ａｄｖｉｓｅｒになったことも大きなきっかけになりました。日本Ｍ＆Ａセンターさんが積極的に動くことで、証券会社もさらにアクティブになっていくのではないでしょうか。

——東証として、投資家をどのように拡大していきますか。

ＴＰＭの母体となるＴＯＫＹＯ ＡＩＭは、は２００８年の金融商品取引法改正により導入された「プロ向け市場制度」に基づいて開設されました。このとき「上場基準（形式基準）がないこと」を前提としたため、投資家の保護が論点となりました。日本では、個人の投資家は株式投資の知識や情報が豊富な人たちばかりではないため、一定の保護をしないとトラブルになるのではないかというわけです。

日本人の個人投資家の参入を認めるのは時期尚早という結論になり、「日本人」の「個人」にだけは取引参加資格を設けることになりました。個人投資家をいわゆる「みなしプロ投資家」と認める線引きは現在、純資産の合計額、もしくは金融資産の合計額が３億円以上と見込まれ、１年以上の株式投資経験があることとされています。

現時点では個人の参入は限定的かもしれませんが、今後、ＴＰＭの上場会社数が増加し、投資魅力のある市場に育てていくことにより、将来的には取引参加資格をもった個人も含めＴＰＭの投資家層を拡大していきたいですね。

最近、株式投資型クラウドファンディングが伸びてきています。個人による少額投資で、その企業や経営者の理念やビジョンに共感したときに行う投資ですが、応援したくなる会社が上場するという意味ではＴＰＭにも似た側面があります。株式投資型クラウドファンディングとＴＰＭが連携して取り組むのも面白いかもしれません。

――流動性の低さは、上場企業の目にはどのように映っているでしょうか。

現状では、流動性よりも「オーナーシップを維持したい」というオーナー経営者が多いように感じています。

流動性が低い、つまり株式の売買がされにくいということは、けっしてマイナスの側面だけではありません。流動性の低さは、経営者から見ると、自分のことをわかってくれている人だけが株主であることの安心感や心地よさにつながっているのかもしれません。上場する企業にとっては、自社の経営が外部株主の意向に左右されかねませんからね。

また近年、世間では投資の基準や企業評価の指標としてＥＳＧやＳＤＧｓが重視されるようになりました。実際、社会の課題解決型の企業への投資ニーズは高まっていて、社会貢献・課題解決をミッションとした企業も増えています。ミッションを大事にする流れのなかで、オーナーシップを維持したいという会社が増えるのは自然なことなのかもしれません。とくに若いベンチャー企業にその傾向が強いようですね。

――東証がJ－Adviserに求めるものは何でしょうか。

一般市場の場合、上場をサポートする証券会社、ベンチャーキャピタルなどのメンバーは上場を果たすことによって一定の役割を終えるため、上場後にはまわりに誰もいなくなって問題を起こしてしまうという経営者もいらっしゃいます。

それに対してTPMは、J－Adviserが上場後もしっかり寄り添ってくれるよさがあります。J－Adviserは、会社を育てる伴走者（パートナー）だと思っています。開示サポートなどテクニカルな問題は、J－Adviserに求める最低限の役割で、経営もサポートできることなどが、J－Adviserの付加価値としてついてくるとよいと思っています。独立性の観点から、コンサルティングとモニタリングとのバランスをとりながらにはなりますが。日本M&Aセンターさんは多くの企業を見ているので、どうすれば成長できるかをアドバイスしてほしいですね。

J－Adviserは現在11社ありますが、もっと増やしたいと考えています。数が少ないと、「TPMは特定のJ－Adviserのためにある」というイメージになってしまって市場が大きくならない可能性があります。いまは日本M&Aセンターさんを含めて複数の有力なJ－Adviserが出てきて、少数でも厚みが出てきました。

これまでは、私たちから「J－Adviserになりませんか」と積極的な営業を行ってきました。今後もその姿勢に変わりはありませんが、良質なJ－Adviserを確保していくことが大切なテーマであると考えています。

競争がなければパイは広がらないので、J－Adviserがある程度競争しながらマーケットを大きくしていってほしいですね。競争といっても、これまで日本企業は価格競争に走って疲弊することが多かったのですが、TPMでは、それぞれのJ－Adviserが独自色を出して、価格以外で競争してもらいたいと思っています。

TPMはどんな市場になっていくのか

――TPMの役割や特徴を、あらためてご説明ください。

TPMを利用する会社の「安定的・持続的な成長」に役立つマーケットになればいいと

思っています。

たとえば、TPM上場には「マザーズやJASDAQへのステップ」「M&Aによる外部成長を加速」「大手企業との資本提携の機会をつかむ」といった成長機会があるのではないでしょうか。

TPM上場を果たし成長を加速させ、マザーズやJASDAQに市場を変更することはTPMのよい活用方法だと思います。

上場会社において、私たちの側から見てもっとも手がかかるのは、情報開示の手続き対応ではないかと思っています。TPM経由の会社は、TPM上場で担当J-Adviserのサポートを受けながら、情報開示の実践を重ねてきています。一般市場への上場審査の際も、その実績を直に確認することができますので一定の安心感があります。もっとも、TPM上場中に粗相をすると、その烙印を押されてしまうかもしれないというリスクもありますが……。

また、TPM上場会社にはM&Aや資本提携の機会が増えると思います。たとえばTPMに上場した株式会社歯愛メディカルは、市場第一部上場のエア・ウォーター株式会社から資本業務提携の具体的なアプローチがあったようです。TPMに上場したことにより、会社としての信用力、財務情報の信頼性や透明性が高まり、株式の価値もクリアになったので、お互いの不安要素が取り除かれ、提携交渉をスムーズに進めることができたと聞いています。歯愛メディカルはその後、JASDAQに上場しています。

もちろんTPMを経由した一般市場への上場やM&A以外にも成長のアプローチはあります。いずれにしても、TPMは上場会社の成長に役立つマーケットをめざしています。

そのほか、後継者のリーダーシップ育成や、金融機関からの個人保証を解除して、後継者に会社をバトンタッチしたいという考えから上場をする経営者もいます。同じ目的でマザーズやJASDAQに上場して、そのタイミングで社長交代する経営者もいます。ただ、TPMのほうが機動性・柔軟性に富む上場制度を設計していますので、より使い勝手がいいと思います。

――一般市場の上場をめざさず、TPMでの成長を志向する会社も少なくありません。

そうですね。TPMには、「上場のファーストステップ」という側面だけではなく、「エンドマーケット」という側面もあります。一定のオーナーシップを維持したい経営者にとっては、後者の側面が魅力的なのではないでしょうか。

オーナーシップを維持しつつ、「株式公開している」という規律のなかで安定的・持続的に成長したい、あるいは上場というブランドを獲得して知名度・信用度を向上させるという活用方法もいいと思います。企業が成長する目的でＴＰＭをうまく活用して、それによって全体として上場会社の裾野が広がっていってくれればいいですね。

――ＴＰＭ上場を果たした経営者の声は届いていますか。

はい。知名度アップや従業員の士気向上、採用力のアップといった効果があったと聞いています。社員が喜んでくれ、そのご両親や配偶者が安心してくれてよかったとも聞いています。

地域企業の上場は、とくに喜ばれているようですね。２０１９年9月に新潟に本社を置く清鋼材株式会社がＴＰＭに上場しました。新潟には約40社の上場会社の集まりがあって、そこに参加したところ大歓迎されたとか。その集まりは、歴代の新潟県知事も参加している由緒ある会です。

新潟では、実質的に２０１４年12月に上場したスノーピーク以来の上場なので温かく迎えられたそうです。このようにＴＰＭが地域経済の活性化の起爆剤になればよいと思っています。

――TPMは将来どのような市場になっていくのでしょうか。今後の展望を教えてください。

まず東証全体でいえば、市場第一部、市場第二部、マザーズおよびJASDAQの四つの市場を対象とした市場区分の見直しを2022年4月に実施する予定です。

この見直しは、幅広い企業に上場機会を提供するとともに、上場後の持続的な企業価値向上を動機づける観点から、既存の市場区分にとらわれず将来の市場構造のあるべき姿として、上場会社の成長段階や投資家層などの特性に応じた複数の市場区分を設け、明確なコンセプトに基づいた制度に再設計しようと考えたものです。

上場会社や取引参加者をはじめとする市場関係者のみなさんと協力しながら、引き続き、この市場区分の見直しに取り組んでいきたいと思っています。

一方、TPMは、従来からの市場コンセプトを維持しながら、上場会社数を増やして投資家を呼び込み、東証の裾野になるマーケットに育てていきたいと考えています。

いまは市場第一部（東証一部）に上場している会社の数がもっとも多い逆三角形型と

なっています。決してそれが悪いということではありませんが、将来的にはＴＰＭがいちばん大きな裾野になればよいと思っています。

ＴＰＭへの上場会社数が増えても、東証としてＴＰＭ上場のハードルを変えることは現時点では想定していません。「社会性があるけれど赤字」といった会社も、将来の期待を含めて株主がつくのであれば、ＴＰＭに上場していただきたい。欲をいえば、ＴＰＭで資金調達までできるようになれば理想的なマーケットであると思っています。

「ＴＯＫＹＯ ＰＲＯ Ｍａｒｋｅｔ」という名称は、もともと東証で「ＴＯＫＹＯ ＰＲＯ－ＢＯＮＤ Ｍａｒｋｅｔ」というプロ投資家向けの債券市場を運営していたので、それになぞらえてネーミングしました。市場区分の見直しによってマザーズやＪＡＳＤＡＱなどの名称も変わりますので、ＴＰＭにもよりよいネーミングがないか考えてみることも面白いかもしれませんね。

――ＴＰＭの国際化についてはいかがですか。

将来はロンドン証券取引所やシンガポール証券取引所に負けないような国際性豊かなマーケットにしたいですね。

ＴＰＭの母体のＴＯＫＹＯ ＡＩＭはもともとロンドン証券取引所との共同出資によって合弁会社を設立し、その運営をスタートしています。ＴＰＭは開設当初から、日本国内だけではなくアジア諸国の成長力のある企業に対して、新たな資金調達の機会を提供する狙いをもっています。英語だけでの開示も認めているプラットフォームですから、それを活かして、外国籍の会社が上場したり、海外の投資家に参加してもらえるマーケットになればいいなと思います。もちろん、外国籍のＪ－Ａｄｖｉｓｅｒの新規参入も歓迎です。

現状では、外国籍の会社が４社しか上場していません。日本の投資家が外国籍の会社に投資をすることが手続き上煩雑である場合があるので、上場に際して日本国籍（コーポレート・インバージョン）にしてしまい、そのため統計上の外国籍の上場会社数は４社にとどまっています。

アジアでいうと、シンガポールには海外のリスクマネーが流入しています。シンガポールは税制が先進的で資産管理ビジネスも発達しているので、海外からお金が集まり、ファンドやディーラーなどもシンガポールに拠点を構えるようになってきているのです。

東証もそれらの取引所に負けないくらい海外企業の上場数を増やしていきたいと思っていて、その受け皿の一つになり得るのがＴＰＭです。一般市場の場合、海外の会計基準や監査のまま、かつ開示資料が英文のままで上場できるかどうかにはさまざまな課題があります。しかし、ＴＰＭは英文での開示も可能ですし、日本会計基準、米国会計基準または国際会計基準（ＩＦＲＳ）の３基準と、これらの３基準のいずれかと同等であることを、担当Ｊ－Ａｄｖｉｓｅｒと監査法人が判断し、東証が適当と認めた基準を採用することができます。

また、現地の取引所に上場しているかどうかも重要なポイントではないかと思います。現地で上場していない企業であれば、「日本の制度に合わせてください」というスタンスになると思いますが、現地で上場している企業であれば、現地の制度を考慮しつつ「それでもいいですよ」というスタンスになる可能性もあります。

じつは債券市場の「ＴＯＫＹＯ ＰＲＯ－ＢＯＮＤ Ｍａｒｋｅｔ」には海外企業が何社も参加しています。同じように、ＴＰＭに上場する海外企業が現れることを期待しています。

おわりに

なぜ、日本M&Aセンターが上場支援を始めたのか？

「日本M&Aセンターって、M&Aの会社じゃないの？」

上場のお話をするときにいちばん多く聞かれるのが、この質問です。

私たちが、いわば〝専門外〟の上場支援というサービスをなぜ始めようと思ったのか、どのような信念をもって行っているのか――そのお話をさせていただきます。

日本M&Aセンターは、1991年に「M&Aを通じて企業の存続と発展に貢献する」を企業理念として設立された会社です。当時はM&Aという言葉を知らない人も多く、知っていても、「乗っ取り」とか「ハゲタカ」というようなマイナスのイメージが先行していました。

それでも、創業者の分林《わけばやし》保弘《やすひろ》がこの事業を立ち上げたのは、会社を引き継ごうと思っても、「相続税を払うことができない」ために廃業を選択せざるを得ないケースがたくさんあったからでした。

オーナーのご兄弟や息子さん、娘さんが会社を相続するときには、会社（保有する株式）の価値を計算して、その会社の価値に対して税金がかかります。利益がしっかり出ている、土地の価値が上がっているなど、頑張ってよい会社になっているほど、会社の価値も、支払わなければならない税金も高くなります。

しかし、未上場会社の株式は、上場会社の株式のように換金もできなければ、物納（株式を現金の代わりに納める）もできません。そのため、廃業して会社を現金化して税金を支払う、ということが行われていたのです。

たしかに、そうすることで相続税は支払えるようになりますが、廃業してしまうと、従業員は職を失いますし、取引先もお客様も困ってしまいます。

オーナー経営者の家族にも、従業員にも、取引先やお客様にも、喜んでもらえる解決方法はないだろうか――。

それを夜な夜な考え続け、ようやく出た答えが〝M&A〟という手段だったそうです。

Ｍ＆Ａで株式を譲渡すれば、会社（事業）は継続するので、従業員の雇用も取引先もお客様も守ることができますし、手にした株式の譲渡代金で相続税を払うこともできます。

それともう一つ、日本の中小企業が抱え始めていた課題がありました。

それが、「後継者がいない」という問題です。

この言葉は、じつは多くの意味を含んでいます。後を継がせられる人材がいないというだけでなく、継がせたい人はいるけれど株式を買い取るお金がなくて株式を渡せない、会社の借入に対して個人保証をしなければならないので継ぐのは嫌だと言われてしまったなど、この言葉の背景にはさまざまな事情や理由があるのです。

Ｍ＆Ａは譲り受け（買い手）企業のほうが、人材、設備、資金といった経営資源を豊富にもっています。そのため、Ｍ＆Ａは、この後継者問題も解決できることに、分林は気づいたそうです。

「Ｍ＆Ａを通じて企業の存続と発展に貢献する」という企業理念が生まれた背景には、そのような現実がありました。

「事業承継問題をＭ＆Ａで解決しよう」

私たちは、これを、この30年間旗印としてきました。

全国でセミナーや勉強会を開催したり、会計事務所や税理士事務所や地方銀行、証券会社、商工会議所などのみなさまと連携したりすることで、中小企業にもM&Aは少しずつ浸透し、いまでは多くの企業に利用していただけるようになりました。

しかしいま、日本は未曽有の少子高齢化の時代を迎えています。それに加え、リーマンショック、東日本大震災、そして、新型コロナウイルス感染症といった危機が立て続けに発生し、日本経済、とくに地方経済は近年、活力を失いつつあります。中小企業を〝存続〟させるだけでは、経済は元気にならないのです。

そのため、日本M&Aセンターでは数年前から〈成長戦略型M&A〉と題して、「中小企業もM&Aで会社を成長させませんか」という提案を行ってきました。M&Aの目的を、〝事業承継〟から〝企業の成長〟に広げ、その考え方もようやく市民権を得られるようになってきたのではないかと思っています。

しかし、M&Aはあくまでも成長のための一つの手段でしかありません。

もっと、中小企業の成長をサポートすることはできないだろうか――。

数カ月のディスカッションを重ねて出した結論が「上場支援」でした。

私たちは、「1社でも多くの企業に成長していただく」ために、2019年7月12日に上場支援を行う資格である〝J‐Adviser〟を取得し、同年7月31日に株式会社OKINAWA J‐Adviser（現・株式会社OJAD）より事業を譲り受けました。

OJADは名前のとおり、沖縄の名護市に本社を置き、沖縄の企業の成長支援や、沖縄の企業とアジアの企業の交流をサポートしている会社です。私たちは、少しでも早く上場支援サービスを全国の中小企業のみなさまに提供したいと考え、このサービスを始めるにあたり、スピーディな立上げを確実なものにするために、同事業をお譲りいただきました。

日本M&Aセンターは、「〝成長にコミット〟するJ‐Adviser」を掲げ、「上場すること」ではなく、その先にある「企業を成長させること」を目的としたサービスを提供しています。

TPMへの上場を支援するだけでなく、M&Aやアライアンスによる事業の拡大・新規事業の開拓のお手伝いや、弊社のネットワークや全国のメディア（テレビ・新聞・雑誌）と連携した積極的なPRやプロモーション活動による担当企業の知名度・認知度アップのサポートにも力を入れているのです。

本文でも述べたとおり、TPMは、まさに中小企業の成長のためにある株式市場です。

持っている株式を手放さずに、強いオーナーシップ（支配権）を維持したままで、信用力・知名度のアップ、人材採用力の強化、組織体制の構築、次世代の育成といった上場のメリット（効果）を、コストをあまりかけずに手に入れることができるのですから。

近年、中堅・中小企業のM&Aが格段に増えてきています。グローバルブリッヂHDや歯愛メディカルのように、東証上場というブランドは、買収をする場合でも、売却をする場合でも、相手方に信頼と安心感を与えることができます。TPM上場がM&Aでお相手に選ばれるための必須条件となる日も、そう遠くないのかもしれません。

TPMを起爆剤として、

「もっと成長していきたい」

「世界に出ていきたい」

「もっと多くの人を助けたい」

そのような企業のお手伝いをしたい、と私たちは考えています。

小田切 弓子（おだぎり・ゆみこ）

日本M&Aセンター TOKYO PRO Market事業部／公認会計士

山梨県甲府市生まれ。慶應義塾大学経済学部卒業。公認会計士資格取得後、大手監査法人を経て、会計ファーム系のM&Aアドバイザリー会社に転籍。上場企業・未上場企業の監査や、大小さまざまなM&A案件に携わる。2015年12月、日本M&Aセンター入社。M&A仲介業務に従事した後、2019年7月の同社のJ-Adviser資格取得およびTOKYO PRO Market事業部の開設に参画。現在はTOKYO PRO Marketの認知度向上および活性化のためのセミナーや勉強会の企画運営も行っている。

株式会社日本M&Aセンター
TOKYO PRO Market事業部

「企業の存続と発展に貢献する」を企業理念とする日本M&Aセンターが、2019年7月のJ-Adviser資格の取得にあわせ、立ち上げた部門。企業の成長と地方創生をテーマに、TOKYO PRO Marketを活用しての1社でも多くの中堅・中小企業の成長と、全国47都道府県から上場企業（スター企業）を輩出することをミッションに、東京証券取引所と連携しながらの上場支援サービスを提供している。

ご相談や書籍のご感想などは、下記までお気軽にご連絡ください。

e-mail：tpm-pro@nihon-ma.co.jp

☎ 0120-03-4150

中小企業のための新しい株式市場
東証「TOKYO PRO Market」

2021年4月3日　第1刷発行
2022年7月16日　第4刷発行

著　者　小田切 弓子
発行者　鈴木勝彦
発行所　株式会社プレジデント社
〒102-8641
東京都千代田区平河町2-16-1 平河町森タワー13階
https://www.president.co.jp/
電話　編集03-3237-5457　販売03-3237-3731
編　集　大内祐子　ことぶき社
構　成　村上 敬
制　作　小池 哉
装　丁　坂川朱音(朱猫堂)
本文DTP　荒井雅美(トモエキコウ)
印刷・製本　大日本印刷株式会社

ISBN978-4-8334-5174-1 Printed in Japan
落丁・乱丁本はお取り替えいたします。